www.ingramcontent.com/pod-product-compliance
Lightning Source LLC
LaVergne TN
LVHW020449070526
838199LV00063B/4897
9789358721867

اردو صحافت کے روشن مینار

(تعمیر نیوز ویب پورٹل کے منتخب مضامین و خاکے)

مرتبہ:

مکرم نیاز

© Taemeer Publications LLC
Urdu Sahafat ke raushan Minaar
Edited By: Mukarram Niyaz
Edition: January '2024
Publisher & Printer:
Taemeer Publications LLC (Michigan, USA / Hyderabad, India)

ISBN 978-93-5872-186-7
9 789358 721867

مصنف یاناشر کی پیشگی اجازت کے بغیر اس کتاب کا کوئی بھی حصہ کسی بھی شکل میں بشمول ویب سائٹ پر اَپ لوڈنگ کے لیے استعمال نہ کیا جائے۔ نیز اس کتاب پر کسی بھی قسم کے تنازع کو نمٹانے کا اختیار صرف حیدرآباد (تلنگانہ) کی عدلیہ کو ہو گا۔

© تعمیر پبلی کیشنز

کتاب	:	**اردو صحافت کے روشن مینار** (مضامین / خاکے)
مرتبہ	:	**مکرم نیاز**
صنف	:	مضامین / خاکے
ناشر	:	تعمیر پبلی کیشنز (حیدرآباد، انڈیا)
سالِ اشاعت	:	۲۰۲۴ء
صفحات	:	۱۱۴
سرورق ڈیزائن	:	تعمیر ویب ڈیزائن

فہرست

(۱)	مولانا آزاد کی ادبی سیاسی اور صحافتی خدمات	پروفیسر معظم علی	7
(۲)	مولانا محمد علی جوہر اور ان کے نظریات	پروفیسر شکیل قاسمی	15
(۳)	سرسید احمد خان اور اردو صحافت	مولانا ندیم احمد انصاری	21
(۴)	منشی نول کشور کی شخصیت اور صحافتی خدمات	محمد فرقان عالم	26
(۵)	حیات اللہ انصاری کی صحافتی خدمات	ڈاکٹر عشرت ناہید	31
(۶)	لالہ جگت نرائن: ہندی کا پر ستار اردو کا خادم	جی ڈی چندن	47
(۷)	خوشتر گرامی: بیسویں صدی کا افسانوی صحافی	فاروق ارگلی	54
(۸)	جدید اردو صحافت، بیسویں صدی اور رحمٰن نیر	ڈاکٹر اسلم جمشید پوری	63
(۹)	جی ڈی چندن کا انتقال: اردو صحافت کا ایک بڑا خسارہ	سہیل انجم	70
(۱۰)	احمد سعید ملیح آبادی: اردو صحافت کے پٹھان	منصور الدین فریدی	75
(۱۱)	سید منیر نیازی: جن کی ہمیشہ نیاز مند رہے گی اردو صحافت	منصور الدین فریدی	86
(۱۲)	کمال خاں کی صحافت کا کمال	معصوم مراد آبادی	96
(۱۳)	حقانی القاسمی: نئی نسل کے قلمکار نقاد صحافی و مبصر	فاروق ارگلی	100

تعارف

صحافت ایک معنی میں تاریخ بھی مرتب کرتی ہے۔ دنیا بھر میں وقوع پذیر ہونے والے واقعات کی تاریخ، وقت و مقام کی تصدیق عموماً اخبارات کے حوالے سے جانچی جاتی ہے۔ انٹرنیٹ نے کسی قاری یا محقق کو مطلوبہ مواد کی تلاش میں جہاں آسانی بہم پہنچائی ہے وہیں تحقیق و تفتیش کی اہم و نازک ذمہ داری بھی صحافت پر عائد کی ہے۔ یہی وجہ ہے کہ ایک سنجیدہ، بردبار، غیر جانبدار اور انصاف پسند صحافی سے امید رکھی جاتی ہے کہ وہ کاہلی، لاپروائی یا حد سے زیادہ جذباتیت سے مکمل گریز کرتے ہوئے خبر دے یا اس کا معروضی جائزہ پیش کرے۔ ایسے ہی صحافیوں کے فن و شخصیت سے آگاہی کسی محقق یا قاری کے لیے اہم بھی ہے اور ضروری بھی کہ وہ ان کی استنادی و علمی حیثیت سے باخبر رہے۔

ہر زمانے کی تاریخ کو، ہر زبان کے موضوعاتی میدان کے ماہرین کے نقاط نظر کے ذریعے کاغذی اور ڈیجیٹل طریقے سے محفوظ کیا جانا چاہیے تاکہ مستقبل کے محققین کو منصفانہ تحقیق میں آسانی ہو۔ انٹرنیٹ اور ویب سائٹس کی افادیت کے باوجود اس بات کا انکار نہیں کیا جاسکتا کہ کاغذی کتاب اور کتب خانے کی اہمیت ہر دور میں رہی ہے اور رہے گی بھی۔ یہی سبب ہے کہ طباعتی ادارہ 'تعمیر پبلی کیشنز' کی جانب سے آن لائن پورٹل 'تعمیر نیوز' پر شائع شدہ مختلف موضوعات کی منتخب تحریروں کو کتابی شکل میں طبع کرنے اور قومی و بین الاقوامی کتب خانوں میں ان کتب کو شامل کروانے کے عملی منصوبے کا آغاز کیا گیا ہے۔

یہ کتاب " **اردو صحافت کے روشن مینار** " اردو صحافت کے دو صد سالہ دور کے ان چنندہ ماہرین کی شخصیات و فن کے مختلف و متنوع گوشوں کو عیاں کرتی ہے جنھوں نے اس میدانِ خارزار میں کسی نہ کسی حوالے سے اور کسی نہ کسی دور میں اپنی شناخت قائم کی ہے۔

(۱) مولانا آزاد کی ادبی سیاسی اور صحافتی خدمات

پروفیسر معظم علی

مولانا آزاد کی ادبی، سیاسی و صحافتی خدمات پر اب تک بہت کچھ لکھا جا چکا ہے۔ اس سلسلے میں محض کچھ تعریفی کلمات پر اکتفا کرنا یا پھر کچھ پیش رو مقررین، مصنفین کی آراء کو دہرا دینا غیر تشفی بخش ہو گا۔ میں مولانا آزاد کے افکار کا تجزیہ کرتے ہوئے موجودہ حالات میں ان کی موزونیت و اہمیت کو اپنے اس مقالے میں اجاگر کرنا چاہوں گا۔

مولانا آزاد (۱۸۸۸-۱۹۵۸) ایک منفرد، ہمہ پہلو شخصیت کے مالک تھے۔ بیسویں صدی کا کوئی مورخ جو تاریخ جدوجہد آزادی ہند قلم بند کرنے پر کمر بستہ ہو، وہ مولانا آزاد کی شخصیت و کردار اور ان کی جدوجہد آزادی اور مابعد آزادی گراں قدر رول پر ایک باب قلمبند کرنے پر خود کو مجبور پائے گا۔ اپنی عمر کے ابتدائی حصے میں مولانا کا ذہن ادب کے ساتھ ساتھ مسلمانوں کی تعلیمی و فکری ارتقاء کیلئے لائحہ عمل کی تدوین کی طرف راغب تھا۔ انہوں نے اس دور میں کوئی ۱۶ رسالوں کیلئے لکھا اور محض ۲۴ سال کی عمر میں ۱۳ جولائی ۱۹۱۲ء کو "الہلال" جاری کیا جو ۱۸ر نومبر ۱۹۱۴ء تک جاری رہا۔ اپنے نئے انداز تکلم، بے باکی اور اعلی ادبی معیار کی وجہہ سے "الہلال" نے تہلکہ مچادیا اور محض دو سالوں میں آزاد کے مطابق اس کی اشاعت ۲۶۰۰۰ تک پہنچ گئی جو اردو زبان میں ایک کارنامہ تھا۔ اس سے پہلے اردو کے کسی رسالے کی رسائی اس تعداد تک نہیں ہوئی تھی۔

حکومت وقت کو خطرہ محسوس ہوا اور پریس ایکٹ کے تحت حکومت نے "الہلال"

کے پریس کو ۱۹۱۴ء میں ضبط کر لیا۔ لیکن محض ۵ مہینوں کے اندر یعنی ۱۲/نومبر ۱۹۱۵ء کو مولانا آزاد نے "البلاغ" جاری کر دیا جو ۳/اپریل ۱۹۱۶ تک جاری رہا۔ حکومت برطانیہ نے اس مرتبہ ڈیفنس آف انڈیا ریگولیشن کا استعمال کر کے "البلاغ" کو بند کر دیا۔ مولانا اور ان کے رفقاء کے زور قلم کی تاب نہ لا کر حکومت نے مولانا پر قید وبند کی صعوبتیں مسلط کر دیں۔ مولانا نے ۴سال رانچی میں حراست میں گذارے کیونکہ کلکتہ، پنجاب، دہلی، یوپی اور ممبئی کی حکومتوں نے آزاد کے داخلے پر پابندی لگادی تھی۔ مولانا کو قید وبند کا متواتر سامنا رہا۔ انہوں نے اپنی عمر عزیز کا ساتواں حصہ یعنی ۹ سال ۸ مہینے قید و بند کی حالت میں گذارے۔

"غبار خاطر" میں مولانا نے جنبش قلم کا سلسلہ جاری رکھا۔ انہوں نے کم از کم ۱۶/سالوں کیلیئے لکھا۔ "الہلال" ایک بار پھر ۱۰/جون ۱۹۲۷ سے دسمبر ۱۹۲۷ء تک جاری رہا۔ مولانا کی تصنیفات ۵۸ اور متفرقات ۲۲ تحریروں پر مشتمل ہیں۔ ان تحریروں سے مولانا کی صحافتی وادبی خدمات کا بخوبی اندازہ لگایا جاسکتا ہے۔

نہرو لکھتے ہیں کہ مولانا کی تحریریں شدت و ندرت، جدت وجرات، نئے افکار، عقلیت، معقول پسندی، جدیدیت اور فرسودہ خیالات کی تنقید سے سرشار تھیں۔ مولانا نے نئے اسلوب میں لکھا۔ ان کی عربی وفارسی پر قدرت ان کی زبان کو کسی حد تک ادق بنا دیتی تھی لیکن انہوں نے نئی اصطلاحات اور نئے خیالات واسلوب کے ذریعہ اردو زبان کو ایک مخصوص ہئیت دی۔ اسے نئی راہوں سے روشناس کروایا۔ آزاد کی جدت کی مخالفت بھی ہوئی مگر اپنے مخالفین کو انہوں نے اپنی اعلی علمی قابلیت سے خاموش کر دیا۔ انہوں نے علی گڑھ گروپ کی رجعت پسندی وعلیحدہ پسندی کی شدید مخالفت کی اور کم عمری میں اپنی تحریروں سے ایک شورش پیدا کر دی۔ ان کے نزدیک اسلام اور ہندوستانی قوم پرستی

میں کوئی تضاد نہ تھا۔ گو کہ وہ ۱۹۰۶ء میں مسلم لیگ میں شامل ہوئے تھے مگر ان کی تحریروں نے مسلم لیگ کو کانگریس کے قریب لانے میں مدد کی۔

"الہلال" نے آزاد کے الفاظ میں "مسلمانوں کو یاد دلایا تھا کہ آزادی کی راہ میں قربانی و جان فروشی ان کا قدیم اسلامی ورثہ ہے، ان کا اسلامی فرض ہے کہ ہندوستان کی تمام جماعتوں کو اس راہ میں پیچھے چھوڑ دیں"۔

مولانا آزاد کی ادبی و صحافتی خدمات بے لوث تھیں۔ ۲۷/جولائی ۱۹۱۲ء کے "الہلال" میں وہ لکھتے ہیں: "ہم اس بازار میں سودائے نفع کے لئے نہیں بلکہ تلاش زیاں و نقصان میں آئے ہیں۔ صلہ و تحسین کیلئے نہیں بلکہ نفرت و دشنام خلش و اضطراب کے کانٹے ڈھونڈتے ہیں۔ دنیا کے زر و سیم کو قربان کرنے کیلئے نہیں بلکہ خود اپنے تئیں قربان کرنے آئے ہیں۔ ہمارے عقیدے میں تو جو اخبار اپنی قسمت کے سوا کسی انسان یا جماعت سے کوئی اور رقم لینا جائز رکھتا ہے وہ اخبار نہیں بلکہ اس فن کے لئے دھبہ اور سر تا سر عام رہے۔ ہم اخبار نویس کی سطح کو بہت بلندی پر دیکھتے ہیں اور امر بالمعروف و نہی عن المنکر کا فرض الٰہی ادا کرنے والی جماعت سمجھتے ہیں۔ پس اخبار نویس کے قلم کو ہر طرح کے دباؤ سے آزاد ہونا چاہئے اور چاندی اور سونے کا تو سایہ بھی اس کیلئے سم قاتل ہے"۔

مولانا کی کم عمری میں ان کی فکری پختگی و بلوغت نے بزرگان وقت کو حیرت میں ڈال دیا تھا۔ اکثر حضرات مولانا آزاد کو بار بار دیکھتے اور تعجب سے پوچھتے: "کیا یہی نوجوان ابوالکلام ہیں ؟" زبان پر قدرت کچھ ایسی تھی جیسے الفاظ ان کے سامنے با ادب ہاتھ باندھے کھڑے ہوں اور انہوں نے جس کو چاہا استعمال کر لیا۔

مولانا نے اردو زبان کو اپنی منفرد نگارشات سے مالا مال کیا۔ اسے نئی راہوں سے آشنا کروایا، اظہار خیال کو نئی جدتوں، وسعتوں و بلندیوں سے متعارف کروایا۔ افکار و

جذبات کے اظہار کو نئی جدتیں بخشیں اردو زبان ان کی ہمیشہ احسان مند رہے گی اور ان پر جذبہ احسان مندی کے ساتھ فخر کرے گی۔

ادبی خدمات کے ذکر کے بعد اب آیئے مولانا کی صحافتی خدمات کا طائرانہ جائزہ لیتے ہیں۔ جس دور میں مولانا آزاد متحرک و کارگر تھے اس دور میں صحافت اور ادب کا رخ فکر انگیز لوگ ہی کیا کرتے تھے جو کچھ ٹھوس پیغام عوام الناس تک پہنچانے کے خواہاں ہوں ایسے لوگ سنجیدہ اور مخلص ہوتے تھے، اپنا ایک منفرد زاویہ نگاہ رکھتے تھے اور اس کے اظہار کی قابلیت، کہنے کا عزم، ولولہ و جرات رکھتے تھے۔ ان کا دل لوہے کا اور جگر پتھر کا ہوتا تھا۔ اس دور میں صحافت محض ایک بزنس، ایک ذریعہ حصول دولت و سیاسی شعبدہ بازی نہ تھا اور نہ ہی ایک پیشہ۔ نہ اخبارات بڑے بڑے سرمایہ دار چلایا کرتے تھے۔ صحافت نفع کمانے کا ذریعہ نہ ہو کر ایک مشن تھا۔ ایڈیٹر خود پرچہ نکال کر اس میں اپنا سرمایہ مشغول کرتا تھا اور اکثر نقصان اٹھاتا تھا۔ اس دور میں ملک آزاد تھا نہ لکھنے کی آزادی ہی تھی۔ ایسے میں ایک اخبار چلانا جوئے شیر لانے سے کم نہ تھا۔

دوسری طرف یہ عتاب حکومت اور قید و بند کی صعوبتوں کو دعوت دینے کا آسان طریقے تھا۔ مولانا کے ساتھ ایسا ہی ہوا۔ مولانا آزاد کو ایک طرف علمی دلچسپیوں کے ساتھ انصاف کرنا تھا تو دوسری طرف عملی تقاضوں کا سامنا کرنا تھا جہاں سیاسی اکفار و جدوجہد کا غلبہ تھا۔ علم و عمل کو یکجا کرنا کوئی سہل کام نہیں تھا۔ گو کہ صحافت اور سیاست کا چولی دامن کا ساتھ ہے مگر مولانا "الہلال" کے اجراء کا مقصد یوں بیان کرتے ہیں:

"۔۔۔۔ الہلال کا مقصد اس اس کے سوا کچھ نہیں ہے کہ وہ مسلمانوں کو ان کے اعمال و معتقدات میں صرف کتاب اللہ اور سنت رسول اللہ پر عمل کرنے کی دعوت دیتا ہے اور خواہ وہ تعلیمی مسائل ہوں، خواہ تمدنی، سیاسی ہوں، خواہ اور کچھ وہ ہر جگہ مسلمانوں

کو صرف مسلمان دیکھنا چاہتا ہے۔ اس کی صدا صرف یہی ہے کہ ۔۔۔۔۔ اس کتاب اللہ کی طرف آؤ جو ہم اور تم دونوں میں مشترک ہے"۔

مولانا آزاد صحافت میں ایمانداری، دیانتداری، الوالعزمی، بے خوفی اور اعلی کردار اخلاص کے علم بردار تھے۔ ان کا معیار صحافت نہایت بلند و بالا، اعلی وارفع تھا۔ جو بات دل سے نکلتی ہے اثر کرتی ہے اور الہلال کی باتوں نے دلوں کو جیت لیا۔ یہ اخبار مذہب کے علاوہ اپنی وسعت میں سیاست، معاشیات، نفسیات، تاریخ، جغرافیہ، عمرانیات، سوانح اور ادب پر محیط تھا۔ اس دور کے اعلیٰ ترین مدبروں، اکابرین، مصنفین اور شعراء نے الہلال کو اپنے اظہار خیال کا ذریعہ بنایا۔ جیسے شبلی نعمانی، حسرت موہانی، اقبال، سید سلیمان ندوی، عبداللہ عمادی، مولانا عبدالماجد دریابادی وغیرہ۔ الہلال اپنے آپ کو سیاست سے دور نہ رکھ سکا گو کہ مولانا آزاد کا اصرار تھا کہ "الہلال" کوئی سیاسی اخبار نہیں ہے بلکہ ایک دینی دعوت اصلاح کی تحریک ہے جو مسلمانوں کے اعمال میں مذہبی تبدیلی چاہتی ہے ۔۔۔ الہلال اپنے ہر خیال کو خواہ وہ کسی موضوع سے تعلق رکھتا ہو، محض اسلامی اصولوں کے تحت ظاہر کرتا ہے۔

دوسری جگہ لکھتے ہیں " الہلال کی اور تمام چیزوں کی طرح پالیٹکس میں بھی یہی دعوت ہے کہ نہ گورنمنٹ پر بے جا بھروسہ کیجئے اور نہ ہندوؤں کے ساتھ حلقہ درس میں شرک ہوئیے۔ صرف اسی راہ پر چلئے جو اسلام کی بتائی ہوئی صراط مستقیم ہے"۔

کہا جاتا ہے کہ صحافت عجلت میں پیدا کیا گیا ادب ہے۔ الہلال کے شماروں میں ادب کی گہری چھاپ تھی۔ مولانا آزاد کا سیاسی نقطہ نظر منفرد، جاذب، بڑی حد تک قابل عمل تھا جو اس دور کے ہندوستان اور آج کے ہندوستان دونوں میں اپنی خاص معنویت رکھتا ہے۔ اس نقطہ نظر تک پہنچنے میں مولانا کو مختلف منزلوں سے ہو کر گذرنا پڑا۔ ابتداء وہ

سر سید سے متاثر تھے اور بعد میں مخالف ہو گئے۔ وہ اسلام، مسلمانان عالم سے گہری یگانگت اور مسلمانوں کے ایک منفرد لائحہ عمل کے راستے سے ہو کر قومیت، قومی اتحاد، کثرت میں وحدانیت کی طرف راغب ہوئے تھے۔ انہوں نے نہایت اجتہادی طریقے سے رسول اکرمؐ کے مدینہ کے تجربہ کو بنیاد بنا کر ہندوستان میں بین قومی اتحاد کا خاکہ پیش کیا۔

ہجرت کے پہلے ہی سال آنحضرت صلی اللہ علیہ وسلم نے یہودی، صابی، ماگی اور بت پرست قبائیلوں کو ملا کر ایک سیاسی گروہ بنایا تھا تاکہ قریش مکہ کی یلغار سے مہاجرین کو محفوظ رکھا جاسکے۔ اس مقصد کے لیے ایک قانونی دستاویز "میثاق مدینہ" یا عہد نامہ مدینہ تیار کی گئی جس پر سب نے اتفاق کیا۔ ان مختلف مذاہب پر مبنی سیاسی گروہوں کو آپ نے امۃ الواحدہ یعنی ایک قوم کا نام دیا۔ گوکہ یہ اسکیم کامیاب نہیں رہی لیکن مولانا آزاد ہندوستان میں اسی قسم کا ہندو مسلم معاہدہ چاہتے تھے جو سنت رسول کے مطابق ہے۔

رام گڑھ میں مارچ ۱۹۰۴ء کو مولانا آزاد نے کانگریس پارٹی سے یوں خطاب کیا:
"ہندوستان کیلیئے قدرت کا یہ فیصلہ ہو چکا تھا کہ اس کی سرزمین انسان کی مختلف نسلوں، مختلف تہذیبوں اور مختلف مذہبوں کے قافلوں کی منزل بنے۔ ابھی تاریخ کی صبح بھی نمودار نہیں ہوئی تھی کہ ان قافلوں کی آمد شروع ہو گئی اور پھر ایک کے بعد ایک سلسلہ جاری رہا۔ اس کی وسیع سرزمین سب کا استقبال کرتی رہی اور اس کی فیاض گود نے سب کے لئے جگہ نکالی۔ ان ہی قافلوں میں ایک آخری قافلہ ہم پیروان اسلام کا بھی تھا۔ مولانا نے یہ بھی کہا تھا کہ تاریخ کی پوری ۱۱ صدیاں اس واقعہ پر گذر چکی ہیں۔ اب اسلام بھی اس سرزمین پر ایسا ہی دعوی رکھتا ہے جیسا دعوی ہندو مذہب کا ہے۔ اگر ہندو مذہب کئی ہزار برس سے اس سرزمین کے باشندوں کا مذہب رہا ہے تو اسلام بھی ایک ہزار برس

سے اس کے باشندوں کا مذہب چلا آتا ہے۔ جس طرح آج ایک ہندو فخر کے ساتھ کہہ سکتا ہے کہ وہ ہندوستانی ہے اور ہندو مذہب کا پیرو ہے، ٹھیک اسی طرح ہم بھی فخر کے ساتھ کہہ سکتے ہیں کہ ہم ہندوستانی ہیں اور مذہب اسلام کے پیرو ہیں۔ میں اس دائرے کو اس سے زیادہ وسیع کروں گا۔ میں ہندوستانی مسیحی کا بھی یہ حق تسلیم کروں گا کہ وہ آج سر اٹھا کر کہہ سکتا ہے کہ میں ہندوستانی ہوں اور باشندگان ہند کے مذہب یعنی مسیحیت کا پیرو ہوں۔ ہماری گیارہ صدیوں کی مشترکہ (ملی جلی) تاریخ نے ہماری ہندوستانی زندگی کے تمام گوشوں کو اپنے تعمیری سامانوں سے بھر دیا ہے۔ ہماری زبانیں، ہماری شاعری، ہمارا ادب، ہماری معاشرت، ہمارا ذوق، ہمارا لباس، ہمارے رسم و رواج، ہماری روزانہ زندگی کی بے شمار حقیقتیں، کوئی گوشہ بھی ایسا نہیں ہے جس پر اس مشترکہ زندگی کی چھاپ نہ لگ گئی ہو۔ ہماری بولیاں الگ الگ تھیں، مگر ہم ایک ہی زبان بولنے لگے۔ ہمارے رسم و رواج ایک دوسرے سے بیگانہ تھے مگر انہوں نے مل جل کر ایک نیا سانچہ پیدا کر لیا۔ ہمارا پرانا لباس تاریخ کی پرانی تصویروں میں دیکھا جا سکتا ہے۔ مگر اب وہ ہمارے جسموں پر نہیں مل سکتا۔ یہ تمام مشترکہ سرمایہ ہماری متحدہ قومیت کی ایک دولت ہے۔

سیکولرازم کے نام پر مسلمانوں کے ہاتھوں مسلمانوں کو ایذا پہنچانے کا سلسلہ زور پکڑتا گیا۔ خود مولانا کو سیکولرازم کے نام پر خاموش کر دیا گیا۔ اس طرح مسلمانوں اور اردو والوں کے ارمانوں کا خون ہوتا رہا۔ مولانا کے خیالات پرانے (Dated) لگنے لگے۔ آزادی سے پہلے اور مابعد آزادی حالات کا تجزیہ، عملی سیاست اور سیکولرازم کے نام پر مسلمانوں کے ہاتھ مسلمانوں کو نقصان پہنچانے کا رواج عام ہوتا گیا اور ابھی بھی جاری ہے۔ عملی اور فعال سیاست سے مسلمان دور ہوتے گئے۔ خود کو ایک خول میں بند کر لیا گو کہ کچھ موقع پرست Active رہے۔ اس طرح Alienation مسلمانوں کا مقدر بن

گیا۔ ایک طرف ان پر تقسیم کے الزام کا بوجھ ناجائز طور پر لاد دیا گیا تو دوسری طرف ان کے ہر جائز مطالبے کو فرقہ واریت سے تعبیر کیا گیا۔ تقسیم ملک ایک پیچیدہ عمل تھا جسے عائشہ جلال اور دوسروں نے اجاگر کیا ہے۔ اس کیلئے صرف مسلمانوں کو ذمہ دار ٹھہرانا حقائق سے روگردانی کرنا ہے۔

بہر حال پچھلے ۵۸ سالوں سے مسلمان ایک Alienation اور خوف میں جیتے رہے ہیں۔ وقت آگیا ہے کہ ہم مولانا کے مناسب خیالات کو اجاگر کریں اور اس سے آگے جانے کی سعی کریں۔ مولانا کی صحافتی، ادبی و سیاسی خدمات کے بارے میں وثوق سے کہا جا سکتا ہے کہ وہ ان حالات میں گرانقدر تھیں۔ ان کا کسی حد تک موجودہ حالات میں بھی مناسب و موزوں ہونا مسلم ہے۔

مولانا نے اردو صحافت کو ایک نئے رنگ میں رنگا۔ اسے نئے معیارات سے متعارف کروایا۔ ان کا اسلوب بیاں نہایت جدت پسند، جامع اور موثر تھا جس نے بیسویں صدی کے پہلے دہوں میں ایک تہلکہ مچا دیا تھا۔ ان کی علمی، عقلی و ادبی صلاحیتیں سقم سے بالاتر اور اردو والوں کیلئے خاص کر اور دوسروں کیلئے عام طور پر قابل قدر ہیں۔ ان کی کتابیں مضامین، کالم، حاشیے اور دوسری تمام تحریریں اردو کیلئے بیش بہا خزانہ ہیں جن سے اردو والے ہمیشہ مستفید ہوتے رہیں گے۔ انہوں نے اردو میں اظہار خیال و جذبات کے دائرے کو وسیع تر کیا اور نئی جدتوں اور ترکیبوں سے اردو کو متعارف کروایا۔ اردو ان کی ہمیشہ قرض دار رہے گی اور اردو والے ان کے احسان مند۔

***

Maulana Azad's literary, political and journalistic services.

By: Prof. Moazzam Ali

(۲) مولانا محمد علی جوہر اور ان کے نظریات

پروفیسر شکیل قاسمی

مولانا محمد علی جوہر قائدین ملک و ملت کی صف میں کئی لحاظ سے انفرادیت رکھتے ہیں، عزت نفس اور دولت استغنا ان کی زندگی کا لازمی حصہ رہا، وہ فقیری میں شاہانہ خیالات اور پریشانی میں خودداری پر قائم رہے، وہ مخلص، بہادر اور عاشق اسلام لیڈر تھے، وہ اظہار حق میں ذرہ برابر تامل سے کام نہیں لیتے، دوست دشمن کی پرواہ کئے بغیر اپنی بات سامنے رکھتے تھے۔

رام پور کے معزز وممتاز خاندان میں مولانا محمد علی ۱۰ر دسمبر ۱۸۷۸ء کو پیدا ہوئے۔ ۲ برس کی عمر میں ہی ان کے والد عبدالعلی خاں کا انتقال ہو گیا، والدہ کی عمر بیوگی کے وقت ۲۷ برس تھی، انہوں نے ابتدائی تعلیم کے بعد ۸ سال علی گڑھ میں گزار کر بی اے کی ڈگری حاصل کی۔ میر محفوظ علی کے مطابق وہ کلاس میں لکچر سنتے، فیلڈ میں کرکٹ کھیلتے اور یونین میں تقریر کرتے تھے، ان کے بڑے بھائی شوکت علی نے روپے کا انتظام کرکے انہیں آکسفورڈ یونیورسٹی میں داخلہ دلوا دیا، جہاں سے انہوں نے تاریخ جدید میں بی اے آنرز کی سند حاصل کی۔ ان کی ذہنی و فکری تربیت میں ان کی والدہ بی اماں کا بڑا رول تھا، مولانا محمد علی کے دل میں ملت اسلامیہ کا بڑا درد تھا، ان کی خدمات کئی لحاظ سے قابل قدر ہیں، ملک کی آزادی کی جدوجہد، تحریک خلافت، اشاعت تعلیم، فروغ اردو، عوامی بیداری بذریعہ صحافت اور اپنی مخلصانہ کوشش و کاوش میں وہ بہت کامیاب رہے۔

برطانوی حکومت نے جب کلکتہ کے بجائے دہلی کو ہندوستان کی راجدھانی بنانے کا فیصلہ کیا تو محمد علی نے "کامریڈ" کا دفتر بھی ۱۴ر ستمبر ۱۹۱۲ء کو دہلی میں منتقل کر لیا، اور ۱۲ اکتوبر کو یہیں سے "کامریڈ" کا پہلا شمارہ شائع کیا۔ انہوں نے مسلمانوں کی آسانی کیلئے "نقیب ہمدرد" نامی اردو پرچہ کا اجرا کیا بعد میں روزنامہ ہمدرد کے نام سے مشہور ہوا، باشندگان ہند کو آزادی وطن کیلئے بیدار اور تیار کرنے کی غرض سے مولانا نے صحافت کو موثر ذریعہ بنایا، اس کے ساتھ ساتھ وہ تحریک خلافت کیلئے مسلسل اسفار کرتے رہے۔

۹ر جنوری ۱۹۲۰ء کو مولانا ملک کے مختلف علاقوں کا دورہ کرتے ہوئے دہلی پہنچے تو چاندنی چوک پر ان کا شاندار استقبال ہوا، خواجہ حسن نظامی نے استقبالیہ پیش کرتے ہوئے کہا کہ: "دہلی کی سرزمین پر کتنے ہی عظمت و جلال والے تاجدار اور شاہزادے اور حکام بلند مقام آئے اور چلے گئے لیکن سلطنت مغلیہ کے خاتمہ کے بعد سے آج تک اس خلوص و عقیدت کے ساتھ شاید ہی کسی شخص کا خیر مقدم کیا گیا ہو"۔

تحریک خلافت نے ملک میں آزادی کی تڑپ پیدا کر دی۔ ہر فرد کے دل میں علی برادران کیلئے محبت جاگزیں ہو گئی، اس تحریک نے انگریزی اسکولوں، کالجوں اور سرکار کی نگرانی میں چلائے جانے والے تعلیمی اداروں کو چھوڑ دینا فرض قرار دے دیا، چنانچہ تعلیمی محاذ پر ترک موالات کے لئے مولانا محمد علی نے علی گڑھ کے ایم اے او کالج سے پہل کی۔

بالآخر ۲۹ اکتوبر کو جمعہ کے دن ایم اے او کالج کی مسجد میں بعد نماز جمعہ "جامعہ ملیہ اسلامیہ" کی رسم افتتاح شیخ الہند حضرت مولانا محمود حسن کے ہاتھوں ادا ہوئی۔ حکیم اجمل خاں اولین امیر جامعہ، مولانا محمد علی پہلے شیخ الجامعہ، حاجی موسی خاں سکریٹری اور تصدیق احمد شیروانی جوائنٹ سکریٹری مقرر ہوئے۔ مولانا محمد علی نے ۲۲ نومبر ۱۹۲۰ء کو فاونڈیشن کمیٹی کے جلسے میں یہ تجویز منظور کرا لی کہ جب تک نیا نصاب تعلیم تیار ہو کر

نہیں آجاتا مجوزہ نصاب ہی کو اصلاح و ترمیم کے ساتھ جاری رکھا جائے اور اس میں دینیات کے مضمون کا اضافہ کر دیا جائے۔

اس موقع پر ایک نصاب کمیٹی تشکیل دی گئی۔ جس میں مولانا محمد علی جوہر، ڈاکٹر سر محمد اقبال، مولوی عبد الحق، مولانا ابوالکلام آزاد، ڈاکٹر سیف الدین کچلو، مولانا شبیر احمد عثمانی، مولوی عنایت اللہ، پرنسپل ایس کے رودرا، پرنسپل گڈوانی، پروفیسر سہوانی، سی ایف اینہ ریوز، جواہر لال نہرو، راجندر پرساد اور سید سلیمان شامل تھے۔

اس عمومی نصاب پر غور وخوص کے بعد مولانا محمد علی جوہر کی خصوصی نگاہ دینیات کی طرف متوجہ ہوئی چونکہ محمد علی مسٹر سے مولانا ہو چکے تھے اور جدید و قدیم پر ان کی نگاہ ماہرانہ تھی، انہوں نے پھر دینیات کے نصاب کیلئے خصوصی کمیٹی تشکیل کی، جس میں مولانا آزاد سبحانی، مولانا سلامت اللہ، مولانا صدر الدین، مولانا عبد القیوم، مولانا داؤد غزنوی، مولانا عبد الماجد بدایونی، مولانا عبد القادر، مولانا ابوالکلام آزاد کے ساتھ مولانا محمد علی جوہر خود بھی شامل رہے۔

ایام اسیری میں چھندواڑہ میں قیام کے دوران وہ قرآن کریم کی تلاوت اور باقاعدہ تفسیر کے مطالعہ کی سعادت حاصل کر چکے تھے، اس لئے نصاب تعلیم میں قرآن کریم، دینیات اور تاریخ کو فوقیت دینا چاہتے تھے اور اس ذہن کے ساتھ نصاب تیار کئے جانے پر ان کی توجہ تھی۔ مولانا محمد علی جوہر کا نظریۂ تعلیم تجربات کی روشنی میں ان کے سامنے واضح ہو کر آچکا تھا، وہ اس بات کو محسوس کرتے تھے کہ نصاب تعلیم اور نظام تعلیم کا منفی اثر ہندوستان کے باشندوں پر پڑے گا اور ملت اسلامیہ کو اس معاملہ میں کچھ زیادہ ہی حساس رہنا چاہئے، چنانچہ مصروفیت کے باوجود نصاب تعلیم پر پوری توجہ دے رہے ہیں اور اس کی جزئیات پر ان کی نگاہ بار بار جا رہی ہے، اس لحاظ سے ان کی نگاہ میں "جامعہ ملیہ

اسلامیہ "کا تصور بہت ارفع اور اعلیٰ تھا، یہی وجہ ہے کہ اسلامیات اور دینیات کے بلند پایہ عالم دین شیخ الہند حضرت مولانا محمود حسن کے ذریعہ جامعہ کا افتتاح عمل میں آیا اور نصاب کمیٹی عصری علوم کے ماہرین کے ساتھ نامور اور بالغ نظر علماء کی بڑی تعداد کو انہوں نے اس کمیٹی میں شامل رکھا، اس سے ان کے تعلیمی نظریات کا اندازہ ہوتا ہے۔

ڈاکٹر یوسف حسین اپنے تاثرات کا اظہار کرتے ہوئے کہتے ہیں کہ: "مولانا محمد علی جوہر بولتے تھے تو فصاحت و بلاغت کا دریا بہا دیتے، گھنٹہ دو گھنٹہ چار گھنٹے متواتر تقریر کا سلسلہ جاری رہتا، مولانا محمد علی کو بولتے بولتے گلا پڑ جاتا اور کبھی کبھی آنکھوں سے آنسو رواں ہو جاتے"۔

ان کی تاریخی تقریر کا یہ حصہ جو انہوں نے گول میز کانفرنس لندن میں کی تھی ملاحظہ فرمائیں:

"میں ایک غلام ملک کو واپس نہیں جاؤں گا بشرطیکہ وہ آزاد ملک ہو پس اگر ہندوستان میں تم ہمیں آزادی نہ دوگے تو یہاں میرے ایک قبر تو تمہیں دینی پڑے گی"۔

۴/ جنوری ۱۹۳۱ء کو ساڑھے نو بجے صبح لندن کے ہائڈ پارک ہوٹل میں، جہاں ان کا قیام تھا، جامعہ ملیہ اسلامیہ کا اوین شیخ الجامعہ، ہندوستان کے صف اول کا رہنما اپنے وطن سے دور دیار غیر میں ابدی نیند سو گیا۔ مفتی اعظم فلسطین سید امین الحسینی کی خواہش کا احترام کیا گیا، جنہوں نے مولانا کے جسد خاکی کو بیت المقدس کے احاطہ میں دفن کرنے کی تمنا ظاہر کی تھی اور اس طرح مولانا کے جسد خاکی کو پیغمبروں کے مدفن اور قبلہ اول کے احاطہ میں دفن کیا گیا، مولانا کی قبر پر انہیں کا ایک شعر آج بھی لکھا ہوا ہے۔

جیتے جی تو کچھ نہ دکھائی بہار
مر کے جوہر آپ کے جوہر کھلے

اپنے خیالات کا اظہار کرتے ہوئے شیخ الجامعہ ڈاکٹر ذاکر حسین نے فرمایا: "محمد علی کی زندگی کا بیان دراصل ایک قوم اور ایک ملت کے حال اور مستقبل کی تفسیر کرنا ہے کہ محمد علی اسلامی ملت اور ہندی قوم کے قائد تھے اور نمائندہ بھی"۔

برطانوی ادیب ایم جی ویلز کا محمد علی کے بارے میں یہ مقولہ مشہور ہے کہ: "محمد علی نے برک کی زبان، میکالے کا قلم اور نپولین کا دل پایا ہے"۔

مولانا مناظر احسن گیلانی نے ان پر باضابطہ مرثیہ لکھا ہے۔

بقول مفکر اسلام سید ابوالحسن علی ندوی: " انہوں نے حق کہنے میں نہ اپنے شیخ طریقت مولانا عبدالباری فرنگی محلی کی پروا کی نہ اپنے سب سے محترم و محبوب شریک کار اور جنگ آزادی کے رفیق کار گاندھی کی، نہ اس وقت کی سب سے بڑی سلطنت (برطانیہ) کے وزیر اعظم کی، نہ سب سے زیادہ قابل احترام سرزمین کے فرمانروا اور بانی سلطنت سلطان عبدالعزیز بن سعود کی، انہوں نے ہر جگہ حق بات کہی اور صاف و بے لاگ کہی"۔

مولانا محمد علی جوہر کی غیرت دینی اور حمیت اسلامی مسلمانان ہند کیلئے مشعل راہ ہے، انہوں نے وطن عزیز کیلئے جو قربانی دی وہ ناقابل فراموش اور ملت کی شیرازہ بندی، ان کی تعلیمی ترقی اور جدید و قدیم مواد پر مشتمل نصاب کی تیاری سے ان کے تعلیمی نظریات کا اندازہ ہوتا ہے، انہوں نے جدید اعلیٰ تعلیم کے حصول کے بعد بھی اپنی مذہبی شناخت کو اہتمام کے ساتھ نہ صرف قائم رکھا بلکہ اس کے داعی اور مبلغ ہوگئے، ہمیں ان کے اچھے کارناموں کو یاد بھی رکھنا ہے اور ان اچھائیوں کو اپنی علمی زندگی میں نافذ بھی کرنا چاہئے۔

مولانا محمد علی کی زبان سے نکلے بعض اشعار ان کے موقف کی پوری ترجمانی

کرتے ہیں:

توحید تو یہ ہے کہ خدا حشر میں کہہ دے
یہ بندہ دو عالم سے خفا میرے لئے ہے
کیا ڈر ہے جو ہو ساری خدائی بھی مخالف
کافی ہے اگر ایک خدا میرے لئے ہے

***

The ideology of Maulana Mohammad Ali Jouhar.
By: Prof. Shakeel Qasmi

(۳) سر سید احمد خان اور اردو صحافت

مولانا ندیم احمد انصاری

اردو صحافت کے میدان میں سر سید احمد خان نے تین بڑے کارنامے انجام دیے۔ (۱) سید الاخبار (۲) علی گڑھ انسٹی ٹیوٹ گزٹ اور (۳) تہذیب الاخلاق۔ بر صغیر میں صحافت کی ابتداء ۲۹/جنوری ۱۷۸۰ء کو 'ہکی گزٹ (Hicky's Bengal Gazette)' سے ہوئی۔ اس کے تقریباً ۶۰ سال بعد مسلمان اہل قلم اس میدان میں نظر آئے اور ان کی طرف سے پہلا اردو اخبار فروری ۱۸۳۱ء کو 'آئینہ سکندر' کے نام سے مولوی سراج الدین کے ذریعے کلکتہ (کولکاتا) سے منظر عام پر آیا، اس کے بعد ۱۸۵۷ء تک تقریباً ۵۳ اخبارات ورسائل مسلم اہل قلم نے مختلف مقامات سے شائع کئے، جو فارسی یا اردو زبان میں ہوتے تھے۔ جب کہ اس دور میں جاری ہونے والے انگریزی، ہندی بنگالی اور دیگر علاقائی زبانوں میں ایسے کسی اخبار کا پتہ نہیں چلتا، جو کسی مسلم اہل نے جاری کیا ہوا۔ اس تفصیل سے معلوم ہوا کہ اردو زبان میں سر سید سے قبل ہی باقاعدہ صحافت کا آغاز ہو چکا تھا۔

مولانا محمد حسین آزاد کے والد مولوی محمد باقر کا اخبار ۱۸۳۷ء تک دہلی اخبار کے نام سے شائع ہوتا رہا اور اس کے ایک ہفتہ بعد اس کا نام دہلی اردو اخبار رکھ دیا گیا۔ یہ اس زمانے کا سب سے مشہور اردو اخبار تھا، جس میں لال قلعے کی خبروں کے ساتھ ساتھ دیگر علاقوں کے کوائف بھی شائع ہوتے تھے۔ اسی اخبار میں ۱۸۵۷ء کے ہنگامہ خیز دور میں

پہلی مرتبہ انگریزوں کے خلاف جہاد کا فتویٰ چھپا، جس کی پاداش میں مولوی محمد باقر کو تختہ دار تک پہنچا دیا گیا۔

۱۸۳۷ء میں سر سید احمد خان کے بڑے بھائی سید محمد خاں نے دہلی کے دوسرے ہفتہ وار اردو اخبار کا اجراء کیا اور اس کا نام 'سید الاخبار' رکھا، جس کی ادارتی ذمے داری ان کے انتقال کے بعد سر سید نے سنبھالی۔ اس طرح کہنا چاہئے کہ انہوں نے اپنی علمی و ادبی زندگی کا آغاز صحافت سے ہی کیا۔ انہوں نے اپنی زندگی کا جو نصب العین بنایا تھا، یعنی مسلم قوم کی اصلاح و ترقی، اس کی تکمیل کے لئے انہیں ایسے ہی پلیٹ فارم کی ضرورت بھی تھی۔ تاکہ وہ عظیم پیامبر عوام تک اپنا پیغام پہنچا سکے، اس اخبار کے اکثر مضامین خود سر سید کے تحریر کردہ ہوتے تھے لیکن یہ اخبار بہت زیادہ ان کا ساتھ نہ دے سکا اور ۱۸۵۰ء میں بند ہو گیا۔ پھر بھی کہنا چاہئے کہ خود سر سید کی صحافتی تربیت کا یہی ذریعہ یہی اخبار بنا۔ بقول سر عبد القادر: "سر سید احمد خاں کو صاحب طرز اخبار نویس بنانے میں سید الاخبار کو بنیادی اہمیت حاصل ہے۔"

۱۸۶۳ء میں سر سید نے علوم فنون کو فروغ دینے کے لئے سائنٹفک سوسائٹی قائم کی۔ جس میں قدیم مصنفوں کی عمدہ کتابیں اور انگریزی کی مفید کتابوں کو اردو میں ترجمہ کرنے کا اہتمام کیا گیا۔ ۹/ جنوری ۱۸۶۴ء کو اس تجویز کو عملی جامہ پہناتے ہوئے اس نام سے غازی پور میں باقاعدہ ایک تنظیم قائم کی۔ انہیں دنوں سر سید کا تبادلہ غازی پور سے علی گڑھ ہو گیا، تو اس سوسائٹی کا دفتر بھی وہیں منتقل کر لیا گیا۔ ۳/ مارچ ۱۸۶۶ء سے اس سوسائٹی کی طرف سے ایک اخبار جاری کیا گیا اور اردو نام اخبار سائنٹفک سوسائٹی اور انگریزی نام 'The Aligarh institute Gazette' طے پایا۔ یہ اخبار سر سید کے آخری دم تک جاری رہا۔ اس اخبار سے قبل اردو اخبارات میں اداریے لکھنے کا رواج نہیں

تھا، اس گزٹ نے اسے عام کیا اور سر سید نے ایسے اداریے تحریر کیے جن کے مطالعہ سے پتہ چلتا ہے کہ وہ صحافت کے ہر پہلو پر گہری نظر رکھتے تھے۔ اس طرح یہ اخبار اردو میں مقصدیت کو فروغ دینے والا پہلا اخبار کہا جا سکتا ہے۔ اس اخبار کی خصوصیات کا ذکر کرتے ہوئے مولانا حالی لکھتے ہیں:

"اس اخبار کی بڑی خصوصیت یہ تھی کہ اس کا ایک کالم انگریزی میں اور ایک کالم اردو میں ہوتا تھا اور بعض مضامین اردو میں الگ اور انگریزی میں الگ چھاپے جاتے تھے۔ اس لئے اس سے انگریز اور ہندوستانی، یکساں فائدہ اٹھا سکتے تھے۔ اس کا خاص مقصد گورنمنٹ اور انگریزوں کو ہندوستانیوں کے حالات و معاملات اور خیالات سے آگاہ کرنا اور ان میں پولیٹیکل خیالات اور قابلیت اور مذاق پیدا کرتا تھا۔" (حیات جاوید: ۱۳۱)

اس اخبار نے اردو قارئین کے باشعور طبقہ کے ذہنوں کو کافی حد تک متاثر کیا اور انہیں جدید علوم و فنون کی طرف راغب کرنے میں نمایاں کردار ادا کیا۔ جس سے ہندوستانیوں کے جامد تصورات کو متحرک کرنے میں مدد ملی۔ اس کا اجراء اگرچہ ایک ہفتہ وار کی حیثیت سے ہوا لیکن جیسا کہ اس کے نام ہی سے ظاہر ہے، اس سے ان کا مقصد مسلمانوں کو تقلیدی دائرے سے نکال کر ان کے اخلاق کی تہذیب کرنا تھا۔

سر سید کی صحافتی خدمات کا سب سے بڑا کارنامہ "تہذیب الاخلاق" ہے جس کا انگریزی نام "The Social Reformer Mohammedan" تھا۔ سر سید اپنے انگلستان کے سفر سے واپسی کے ساتھ ہی اس کے اجرا کا خواب اور سرناموں کی تختیاں ساتھ لے کر آئے تھے۔ اس کا پہلا شمارہ ان کے ولایت سے واپسی کے دو مہینے بعد شائع ہوا۔ ان کے اس عزم مصمم کی دلیل کے لئے یہ دو اقتباسات ملاحظہ فرمائیں:

سر سید اطلاعاً مولانا مہدی علی خاں کو تحریر فرماتے ہیں: میں نے سال بھر کا کاغذ خرید

لیا ہے۔ اس کا ماہانہ خرچ سو روپے ہو گا، ہم بیس دوست پانچ پانچ روپے مہینہ کے حساب سے دیں گے اور اخبار مفت بانٹیں گے اور یہ قیمت بھی بچائیں گے۔" (تاریخ صحافت:۸۳)

مولانا حالی لکھتے ہیں: "انہوں نے اس پرچہ کے نکالنے کا ارادہ ولایت ہی میں کر لیا تھا ، کیونکہ تہذیب الاخلاق کی پیشانی پر جو اس کا نام اور لیبل چھپتی تھی اس کا ٹائپ وہ لندن سے بنوا کر اپنے ساتھ لائے تھے۔"(حیات جاوید:۱۶۴)

سر سید اس رسالہ کے ذریعے مسلم قوم کی ذہنی تعمیر ، روشن خیالی ، حریت فکر اور جدید تعلیم سے دلچسپی پیدا کرنے کے خواہاں تھے ، اپنے مقصد کی وضاحت کرتے ہوئے لکھتے ہیں: اس پرچے کے اجرا سے مقصد یہ ہے کہ ہندوستان کے مسلمانوں کو کامل درجہ کی سویلزیشن یعنی تہذیب اختیار کرنے پر راغب کیا جاوے، تاکہ جس حقارت سے سویلائزڈ یعنی مہذب قومیں انہیں دیکھتی ہیں ، وہ رفع ہو اور وہ بھی دنیا میں معزز و مہذب قومیں کہلاویں۔"(ادب نما:۲۷۷)

اس اقتباس کو پڑھ کر لگتا ہے کہ اس رسالہ کا اجرا ایک ولولہ کے طور پر عمل میں آیا تھا، جس کا اصل مقصد خواب غفلت میں پڑی قوم کو بیدار کرنا تھا اور ان کے اس مشن میں ان کے رفقاء نے ان کا بھرپور تعاون بھی کیا۔ ڈاکٹر انور سدید لکھتے ہیں: سر سید کے رفقاء میں حالی، شبلی، نذیر احمد، ذکاء اللہ، چراغ علی، وقار الملک نے انہیں مقاصد کے تحت اس پرچے میں علمی، ادبی، فکری اور تہذیبی مضامین لکھ کر اور عام لوگوں کے فکری افق کو بلند کیا۔"(اردو ادب کی مختصر تاریخ:۳۳۶)

سر سید نے مختلف موضوعات میں طبع آزمائی کی، ان کے مضامین نے لوگوں کو بہت حد تک متاثر کیا بلکہ ان کی تحریریں اس قدر اثر انداز ہوتی تھیں کہ کہا جاتا ہے کہ جس قدر

لوگوں کو متاثر کیا، کم ہی تحریروں نے کیا ہوگا۔ ان کے مضامین مختصر، عام فہم اور اپنے مقصد پر حاوی ہوتے تھے۔ اپنے مقصد کے حصول میں انہیں بہت سی رکاوٹوں کا بھی سامنا کرنا پڑا اور مخالفتوں کا سامنا بھر کرنا پڑا، جیسا کہ شیخ محمد اکرام رقم طراز ہیں: "اس میں کئی ایسی مذہبی باتوں کا ذکر ہوتا تھا، جو عوام کو طبعاً ناگوار ہوتی تھیں۔ چنانچہ ابھی اس پرچے کے دو تین نمبر ہی نکلے تھے کہ چاروں طرف سے اس کی مخالفت شروع ہو گئی، اور علی گڑھ کالج کے افتتاح سے سات آٹھ سال پہلے سرسید انگریزی تعلیم کی ترویج سے نہیں بلکہ اپنے معاشرتی اور تہذیبی مقاصد کی وجہ سے مسلمانوں میں نیچری اور کرسٹان کہلانے لگے۔"

انہی وجوہات کی بنا پر تہذیب الاخلاق چھ سال بعد بند ہو گیا۔ اس پر بعض بہی خواہوں نے دوبارہ اجرا کا تقاضا کیا، تو تین سال بعد پھر جاری ہوا اور سرسید کی دیگر مصروفیات کے سبب دو سال، پانچ مہینے جاری رہ کر پھر بند ہو گیا۔ تیسری بار نواب محسن الملک کی تحریک پر اسے پھر سے جاری کیا، لیکن معاملہ چل نہ سکا اور تین سال کے بعد اسے "علی گڑھ انسٹی ٹیوٹ گزٹ" کے ساتھ ملحق کر دیا گیا۔ سرسید کی اردو صحافت نے ایک طرف طرز نو کی ایجاد کی اور صنف انشائیہ کو بھی فروغ بخشا تو دوسری طرف ان کی تعلیمی تحریک کو بھی استحکام عطا کیا۔ انہیں کی کوششوں سے اردو نثر کے مزاج میں سلاست کے ساتھ تبدیلی آئی، اسی لئے انہیں بجاطور پر "جدید اردو نثر کا بانی" کہا جاتا ہے۔

***

Sir Syed Ahmed Khan and urdu journalism.

By: Nadim Ahmed Ansari

(۴) منشی نول کشور کی شخصیت اور صحافتی خدمات

محمد فرقان عالم

منشی نول کشور (۱۸۳۶-۱۸۹۵) کے عہد کا ایک اجمالی جائزہ لینے سے پتا چلتا ہے کہ وہ عہد بہت ہی کشمکش کا عہد تھا۔ جس میں مغربی تہذیب کی برق رفتاری کے آگے مشرقی تہذیب کی رفتار سست پڑ گئی تھی۔ مغلیہ سلطنت زوال پذیر ہو چکی تھی۔ دہلی کی ادبی و ثقافتی فضا بادِ سموم کے جھونکوں سے مسموم ہو چکی تھی۔

اس کے برعکس لکھنو میں ادبی سرگرمیاں عروج پر تھیں۔ یہاں کی ادبی محفلیں، ثقافتی مجالس اور شعر و سخن کی نشستیں اہل دانش کے لیے تسکین کا سامان تھیں لیکن ۱۸۵۷ کے غدر کے بعد لکھنو میں بھی مشرقی تہذیب پر مغربیت کا سیاہ بادل منڈلاتا نظر آنے لگا۔ جس کے نتیجے میں مایوسی و نامرادی یہاں کا بھی مقدر بننا شروع ہو گئی۔ بلکہ دہلی کے مقابلے میں لکھنو میں روایت پرستی کا زیادہ رجحان تھا، یہی وجہ ہے کہ یہاں مشرقی تہذیب کے مقابلے مغربی تہذیب کے اختیار پر ذہن کسی بھی طرح آمادہ نہیں ہو سکتا تھا۔ ضرورت تھی کہ مغرب کے اس طوفان کی زد سے مشرقی تہذیب کی کشتی کو بچا کر ساحل سے ہمکنار کیا جائے۔

یہ وہ اسباب ہیں جنھوں نے منشی نول کشور کے اندر دبی چنگاری کو ہوا دے کر ان کو کردار و عمل کی دہلیز پر لا کھڑا کر دیا اور پھر انھوں نے وہ کارہائے نمایاں انجام دیے کہ تاریخ میں ان کا نام مشرقی علوم و فنون کے محافظ کے طور پر ہی لیا جاتا ہے۔

منشی نول کشور نے ۱۸۵۸ میں اپنا مطبع قائم کر کے نہ صرف یہ کہ مشرقی علوم وفنون کی حفاظت کی، بلکہ اس کے ذریعہ علوم مشرقیہ کو اس درجہ فروغ دیا کہ ان کے مطبع کی کتابیں باہر ممالک میں بھی قدر و منزلت کی نگاہ سے دیکھی گئیں۔ انھوں نے جہاں ہندوستان کے تمام مذاہب کی کتابیں اپنے مطبع سے چھپوائیں اور ان میں کسی بھی طرح کی جانبداری کو جگہ نہ دے کر رواداری اور قومی یکجہتی کا بھرپور مظاہرہ کیا، وہیں سنسکرت، ہندی، فارسی اور اردو کی بے شمار نادر ادبی کتابیں چھاپ کر ادبی سرمایہ کو محفوظ کرنے میں کلیدی رول ادا کیا۔

بلکہ اردو اور فارسی سے ان کا رشتہ جذباتی و فطری نوعیت کا تھا۔ اسی طرح منشی نول کشور نے ۱۸۵۸ میں ہی "اودھ اخبار" کے ذریعہ صحافت کے دو نمایاں اوصاف حقیقت پسندی اور غیر جانبداری کو پیش نظر رکھ کر اخوت و بھائی چارگی، قومی یکجہتی اور اتحاد و رواداری کی فضا ہموار کرنے کے ساتھ علمی مضامین، عمدہ خیالات اور ادبی نودرات کے ذریعہ ہندوستانیوں کی مشرقی علوم وفنون اور تہذیب وثقافت کے تئیں زبردست ذہن سازی کی۔

منشی نول کشور کا صحافتی سفر بقول رانی لیلا کمار بھارگو (۱) ۱۸۵۱ میں آگرہ کی طالب علمی کے زمانہ سے شروع ہوتا ہے، جہاں پر وہ پندرہ سال کی عمر سے سترہ سال تک مسلسل 'سفیر آگرہ' نامی اخبار میں مضامین لکھتے رہے۔ پھر سترہ برس کی عمر میں 'کوہ نور' لاہور سے ان کی وابستگی ہو گئی، جس کے ایڈیٹر منشی ہرسکھ رائے تھے۔ منشی نول کشور نے وہاں چار سال قیام کیا، جس کے نتیجہ میں جہاں ایک طرف 'سفیر آگرہ' کے ذریعہ منشی جی کا قلم رواں اور ذہن بیدار ہوا، وہیں 'کوہِ نور' پریس کی ملازمت سے پریس کے اصول و ضوابط سے پورے طور پر واقفیت ہو گئی اور پھر مذکورہ دونوں تجربات سے فائدہ اٹھا کر منشی جی

نے عملی میدان میں قدم رکھا اور مشرقی علوم وفنون کے ساتھ اردو صحافت کی زبردست آبیاری کی اور اس شعر کا حقیقی مصداق ہوئے:

تقریر سے ممکن ہے نہ تحریر سے ممکن

وہ کام جو انسان کا کردار کرے ہے

اردو صحافت کی تاریخ میں حالات کی سنگینی کشمکش اور تہذیبی اتار چڑھاؤ کے اعتبار سے اس کا دوسرا دور ۱۸۵۷ تا ۱۹۴۷ بہت ہی اہمیت کا حامل ہے۔ جس میں بے شمار اردو اخبارات منظر عام پر آئے اور سب کی الگ الگ خصوصیات تھیں، جو یقیناً قابل ستائش تھیں تاہم ان میں منشی نول کشور کے 'اودھ اخبار' کو ادبی، تمدنی اور سیاسی تاریخ کے اعتبار سے ایک دستاویز کی حیثیت حاصل ہے۔

اس کا پہلا شمارہ بقول مصنف 'سوانح منشی نول کشور'، ۲۶؍ نومبر ۱۸۵۸ کو منظر عام پر آیا اور اس کا سلسلہ ۹۲ سال تک کامیابی کے ساتھ جاری رہا۔ ابتدا میں یہ چار صفحات پر مشتمل تھا، جس کو بعد میں منشی جی نے ترقی دے کر ۲۴ صفحات تک پہنچا دیا۔ بلکہ اس کے خاص نمبر ۴۸ صفحات پر مشتمل ہوتے تھے۔ 'اودھ اخبار' کا بنیادی مقصد قومی یکجہتی، اتحاد و اتفاق کا فروغ، حکومت اور عوام کے درمیان رابطہ رکھنا، اخلاقی اور معاشرتی اصلاح اور ترقی تعلیم کے لیے عوام میں ذہنی بیداری پیدا کرنا تھا۔ یہی وجہ ہے کہ منشی جی ملک کی سیاسی سرگرمیوں پر نظر رکھتے ہوئے اس پر بے لاگ تبصرے کرتے، تاہم ایسے میں بھی اعتدال پسندی جو ان کی شخصیت کا خاص وصف تھا، اس کا دامن ہاتھ سے نہ چھوٹنے پاتا۔

امیر حسن نورانی اپنی کتاب 'سوانح منشی نول کشور' کے صفحہ ۱۴۱ پر یوں رقمطراز ہیں:

"اودھ اخبار کے تبصرے عام طور پر بڑے بے لاگ، منصفانہ اور جرات مندانہ ہوتے تھے۔ سنجیدگی اور متانت کے ساتھ اپنی بات پیش کرنا اس کا خاص وصف تھا، اسی

لیے عوام میں اس کی مقبولیت بڑھتی گئی"۔(۲)

'اودھ اخبار' کے لیے منشی نول کشور نے زبردست کاوشیں کی تھیں، بلکہ وہ اس کے معیار کے تعلق سے حد درجہ سنجیدہ تھے۔ جس کے لیے انھوں نے نامور، ماہرین فن، مدیروں اور نامہ نگاروں کی خدمات حاصل کیں۔ اسی کے ساتھ اخبار کو مزید آسمان کی بلندیوں تک پہنچانے کے لیے منشی جی نے اپنے وقت کے بڑے ادبا اور علما کا تعاون بھی حاصل کیا، جن میں عبدالحلیم شرر، رتن ناتھ سرشار، پریم چند، نسیم دہلوی، حیرت دہلوی، یگانہ چنگیزی وغیرہ خاص طور پر قابل ذکر ہیں۔

نیتجتاً 'اودھ اخبار' کی جملہ خصوصیات کے ساتھ اس کی علمی و ادبی حیثیت بھی مستحکم ہوگئی، جس کی بین دلیل 'فسانہ آزاد' کا قسط وار شائع ہونا ہے۔ اور پھر اس کی مقبولیت میں اس درجے چار چاند لگے کہ ہندوستان کے ساتھ لندن، فرانس اور دیگر مغربی ممالک میں بھی یہ اخبار دلچسپی سے پڑھا جانے لگا۔ یہی وجہ ہے کہ فرانس کے مشہور مستشرق گارساں دتاسی نے ۱۸۶۷ کے خطبہ میں اپنے خیالات کا اظہار ان الفاظ میں کیا ہے:

"اودھ اخبار میں جو اب دس سال سے نہایت کامیابی کے ساتھ چل رہا ہے، بعض اوقات تصاویر اور اردو کی اعلی پایے کی غزلیں شائع ہوتی ہیں۔ غزلوں کے علاوہ مخمس اور قصیدہ بھی ہوتے ہیں"۔

اور ایک دوسرے خطبہ میں اس طرح کے الفاظ کہے ہیں:

"اردو کے سب اخباروں میں اودھ اخبار بہترین خیال کیا جاتا ہے"۔

'اودھ اخبار' کی ایک خاص بات یہ بھی تھی کہ اس میں منشی جی نے انگریزی اخبارات کی خبروں اور مضامین کی ترجمہ نگاری کے لیے بہترین انگریزی داں مترجمین کی خدمات حاصل کی تھیں، جس کی وجہ سے 'اودھ اخبار' بھرپور مواد کے ساتھ زبردست

معلوماتی اخبار کے درجے کو پہنچ گیا۔

۱۸۷۰ میں 'اودھ اخبار' کے ایک قاری نے 'اودھ اخبار کے شیفتہ' کے عنوان سے اپنے تاثرات کا اظہار یوں کیا ہے:

"منشی صاحب، آپ کا اخبار بلاغت آثار، دفتر طلسمات ہے، میں کیا اس کی تعریف کروں، چھوٹا منہ بڑی بات ہے، خبروں کی کثرت اور معاصرین کی قبولیت سے اگر اسے 'ام الاخبار' کہیے تو بجا ہے کہ اکثر اخباروں کا ایک بڑا حصہ اس کی خبروں سے بھرا دیکھا جاتا ہے"۔(۳)

خلاصہ یہ کہ منشی نول کشور نے صحافت و طباعت کے ذریعہ جو گراں قدر خدمات انجام دیں اور مشرقی تہذیب کے فروغ کی جس درجہ فکر کی، سچی بات یہ ہے کہ تاریخ اسے فراموش کر کے ایک قدم بھی آگے نہیں بڑھ سکتی۔

ہزاروں سال نرگس اپنی بے نوری پہ روتی ہے
بڑی مشکل سے ہوتا ہے چمن دیدہ ور پیدا

حواشی:

(۱) نول کشور اور ان کا عہد، مرتبین: وہاج الدین علوی، عبید الرحمن ہاشمی، صفحہ: ۲۴۔

(۲) سوانح منشی نول کشور، امیر حسن نورانی، صفحہ: ۱۳۶-۱۳۹-۱۴۳

(۳) نیا دور لکھنو، منشی نول کشور نمبر، ۱۹۸۰، صفحہ: ۲۶۔

***

Munshi Nawal Kishore's Journalistic services.

By: Furqan Alam

(۵) حیات اللہ انصاری کی صحافتی خدمات

ڈاکٹر عشرت ناہید

ہندوستان میں صحافت کا آغاز جیمز آگسٹس ہکّی کے "ہکی بنگال گزٹ" سے ہوا۔ ان کا یہ انگریزی اخبار ۲۹، جون ۱۷۸۰ء میں کلکتہ سے شائع ہوا تھا اس کے تقریباً بیالیس سال بعد اردو کا پہلا اخبار "جام جہاں نما" ۲۷، مارچ ۱۸۲۲ء میں کلکتہ سے ہی جاری ہوا۔ یہ اخبار سدا سکھ لال نے جاری کیا۔ جو اتر پردیش کے شہر مرزا پور کے رہنے والے تھے۔ بر صغیر ہند میں جب اردو کو فارسی کے بعد سرکاری زبان کا درجہ حاصل ہوا تو اردو صحافت کا بھی عروج شروع ہوا تب سے اردو صحافت کے جو مراکز بنے ان میں لکھنؤ کو خاص اہمیت حاصل رہی ہے دہلی سے اردو کا پہلا اخبار شمس العلماء مولانا محمد حسین آزاد کے والد مولوی محمد باقر نے "دہلی اردو اخبار" نام سے ۱۸۳۷ء میں جاری کیا تھا۔ لکھنؤ کا پہلا اردو اخبار ۱۸۴۷ء میں لال جی کی ادارت میں "لکھنؤ اخبار" کے نام سے جاری ہوا اور مولوی محمد یعقوب انصاری فرنگی محل کی ادارت میں "طلسم لکھنؤ" شائع ہونے لگا تھا۔ اس کا تعارف کراتے ہوئے پروانہ رودولوی نے لکھا ہے۔

"لکھنؤ کا طلسم لکھنؤ ۱۸۵۶ء میں نکلا۔ جلد ہی اس کا شمار اہم اخباروں میں ہونے لگا۔ زبان مقفّیٰ و مسجع تھی۔ یہ اخبار لکھنؤ کی تہذیب و معاشرت کا عکاس تھا اس کی ایک خبر ملاحظہ کیجئے۔ "لکھنؤ میں سنیچر آیا ہے چوروں نے ہنگامہ مچایا ہے، جو سانحہ ہے عجائب ہے، آنکھ جھپکی پگڑی غائب ہے۔

میر صاحب زمانہ نازک ہے۔ دونوں ہاتھوں سے تھام لو دستار۔ "۱ے

۱۸۵۸ء میں منشی نول کشور نے لکھنؤ سے "اودھ اخبار" کا اجراء کیا جو پورے ملک کا مشہور و مقبول اخبار بن گیا تھا۔ اس خبار کو سر سید احمد خاں کی تحریک پر روزنامہ بنا دیا گیا تھا۔ اس سے وابستگان میں صحافت اور علم و ادب کی نامی گرامی ہستیاں شامل رہی ہیں۔ پنڈت رتن ناتھ سرشار، مولوی غلام علی خاں تپش، مولوی عبد الحلیم شرر، مرزا حیرت علی دہلوی، مولانا محمد حسین شوکت، سید امجد علی اشہری، مولانا جالب دہلوی وغیرہ ان میں نمایاں تھے۔ لکھنؤ کی اردو صحافت کے اس ابتدائی دور میں یوں تو بہت سے اخبارات جاری ہوئے اور اپنی اہمیت منواتے رہے مگر تاریخ میں "اودھ اخبار" کے ساتھ جس اخبار کا وقیع حوالہ ملتا ہے وہ ہے منشی سجاد حسین کا مزاحیہ اخبار "اودھ پنچ" جو ۱۸۷۷ء میں جاری ہوا تھا ان دونوں اخباروں نے صحافت اور ادب کی نئی راہیں بھی ہموار کرنے کا اہم فریضہ ادا کیا۔ صحافت کی نئی زبان بھی انہی کی مرہون منت رہی ہے۔ ملک کی سیاست اور عوام کو درپیش مسائل پر شعوری طور پر غور و فکر کرنے کے لیے عوام کو آمادہ کرنے کا کام اس اخبار نے کیا اور تعمیری انداز فکر کی وجہ سے پورے ملک میں اردو صحافت کو اعلیٰ مقام بھی ملا، بنگال سے مولانا ابو الکلام آزاد کا "الہلال" پھر "البلاغ" اور پھر رامپور سے مولانا محمد علی کے "ہمدرد" کے علاوہ مولانا ظفر علی خاں کے اخبار "زمیندار" اور حسرت موہانی کے اردوئے معلّیٰ "مہاشہ کرشن کے پرتاپ"، سردار دیوان سنگھ مفتوں کے "ریاست" مہاشہ خوشحال چند کا "ملاپ"، مولانا عبد الماجد دریا آبادی کے "صدق" مولانا مودودی اور مولانا فارقلیط، عبد الوحید صدیقی وغیرہ کے عہد میں الجمیعتہ کافی مشہور و مقبول رہے ہیں۔ ان اخبارات نے جو اردو صحافت کی تاریخ مرتب کی اسی کی بنا پر آزادی ہند کی تحریک چلانے والوں نے بھی اس کی طرف توجہ دی۔ سب سے بڑی اور فعال قوم

پرست جماعت کانگریس نے بھی اردو اخبار کی ضرورت کو شدت سے محسوس کیا اور اپنے افکار وخیالات کو عوام تک پہچانے کی غرض سے پنڈت جواہر لال نہرو کی سرپرستی و قیادت میں ممتاز رہنما رفیع احمد قدوائی کے تعاون سے روزنامہ "قومی آواز" کے اجراء کا فیصلہ کیا گیا۔ ۱۹۴۴ء میں یہ روزنامہ لکھنؤ سے جاری ہوا۔ حیات اللہ انصاری کو اس اخبار کے ایڈیٹر کی ذمہ داری سونپی گئی۔ اس سے قبل حیات اللہ انصاری ہفت روزہ "ہندوستان" کے ایڈیٹر کی حیثیت سے اپنا نام اور مقام بنا چکے تھے۔ اس کے علاوہ جدوجہد آزادی سے ان کی وابستگی اور صحافت سے دلچسپی نے بہت جلد اس اخبار کو ایک اہم مقام دلا دیا۔ انہوں نے بے لاگ اور جرأت مندانہ اداریہ لکھے۔ جب حکومت نے جدوجہد آزادی کے خلاف تادیبی کاروائیاں کیں تو نیشنل ہیرالڈ اور دوسرے اخبارات کے ساتھ ان کی باغیانہ تحریروں کی وجہ سے "ہندوستان" بھی بند کر دیا گیا تھا۔

حیات اللہ انصاری نے اپنے عہد کی اردو صحافت کا گہرا مطالعہ کرنے کے بعد روزنامہ "قومی آواز" کے ذریعے اردو صحافت کو بلند معیار عطا کرنے کا منصوبہ بنایا اور اپنے رفقاء کار کے مخلصانہ تعاون کے ساتھ قومی آواز کی اشاعت میں نہ صرف اضافہ کیا بلکہ اس کے ذریعے اردو صحافت کا ایک معیار قائم کیا۔

اس وقت تک اردو کے اخبارات ۲۰x۳۰ سائز پر چھپتے تھے۔ حیات اللہ انصاری نے اس سائز کو تبدیل کیا انہوں نے "قومی آواز" کو انگریزی اخبارات کے سائز ۲۲x۳۶ پر شائع کیا۔ اس کے کالموں کو بھی بین الاقوامی معیار عطا کیا یعنی آٹھ کالم پر کتابت کرائی گئی جو اس کے سائز کے لیے موزوں و مناسب تھی، اس سے اخبار کی خوبصورتی میں بھی اضافہ ہوا اور اردو اخبارات کے لیے ایک معیار بھی اس طرح قائم کر دیا گیا کہ ہر کالم کی چوڑائی ۲؍۱ ۴ سینٹی میٹر طے کی گئی جو اب تک تقریباً تمام نمایاں اور اچھے اخبارات میں

رائج ہے یہ انقلابی قدم اردو اخبارات میں سب سے پہلے قومی آواز نے ہی اٹھایا تھا جو اس عہد میں شائع ہونے والے تمام اخبارات سے یکسر علیحدہ تھا۔ اس کے ذریعے اردو اخبارات کا انداز ہی نہیں اسلوب نگارش بھی بدل گیا۔ صحافت کے فن میں جدید ہیئتی تجربے بھی خوب کیے گئے اور زبان وبیان کا انداز بھی دیکھتے ہی دیکھتے بدلنے لگا۔ اردو میں ان کا یہ تجربہ نہایت کامیاب ثابت ہوا اور دیگر اخبارات کے لیے مشعل راہ بھی بنا کسی بھی واقعہ یا خبر کو لفاظی یا غیر ضروری طوالت کے ساتھ پیش کرنے کے بجائے کم سے کم الفاظ میں من وعن عوام کے سامنے لانے کی سعی کی گئی اور یہ عمل اس خوبی کے ساتھ ہوا کہ قاری کا تجسس بھی خبر کے اس حقیقی نقطہ تک نہایت آسانی سے مرکوز ہونے لگا جب کہ ان سے قبل اخبارات کی خبریں قاری کو متن تک پہنچنے سے پہلے ہی اکتاہٹ میں مبتلا کر دیتی تھیں۔ حیات اللہ انصاری نے ایڈیٹر یا ادارے کی اپنی رائے کے اظہار کے لیے ادارتی نوٹ کو بھرپور دلائل اور تنقیدی تجزیہ کے ساتھ پیش کرنے کی روایت قائم کی۔ حیات اللہ انصاری کی سیاسی بالغ نظری اور سماج کے گہرے مشاہدے کی وجہ سے ان کے ادارے پڑھنے والوں کو اپنے طور پر رائے قائم کرنے میں بھی مددگار ثابت ہوتے تھے۔ اداریہ لکھنے سے پہلے وہ خود کافی غور وفکر کرتے تھے۔ ان کے اداریوں سے اردو داں طبقے پر بے حد اثر بھی ہوتا تھ۔ انجمن ترقی اردو کے جنرل سیکریٹری ممتاز ناقد اور ادیب پروفیسر خلیق انجم ان کی بے باک صحافت کا اعتراف کرتے ہوئے لکھتے ہیں۔

"صحافت میں بے خوف ہو کر اور نڈر ہو کر اپنی بات کہنے والے حیات اللہ انصاری صاحب ہی تھے۔ مجھے قومی آواز کا ایک بہت پرانا فائل مل گیا ہے اس کے مطالعے سے پتہ چلتا ہے کہ حیات اللہ انصاری صاحب اس زمانے میں سچائی کا راستہ نہیں چھوڑتے تھے۔ وہ کانگریس سے بھی اختلاف کرتے ہوئے نہیں ڈرتے تھے۔"۲۔

اس زمانے میں قومی آواز جیسے معیار کے اخبار نہیں نکلتے تھے ایسے ماحول میں صحافت کو نئی سمت دینا اور اردو صحافت کو ایمانداری و سچائی کے راستے پر گامزن کرنا دشوار امر تھا۔ مگر حیات اللہ انصاری نے یہ عملی طور پر کر کے دکھا دیا خلیق انجم اپنے اسی مضمون میں آگے لکھتے ہیں۔

"قومی آواز پنڈت جواہر لال نہرو کا اخبار تھا ظاہر ہے کہ پنڈت جواہر لال نہرو جی سے کون اختلاف کر سکتا تھا مگر حیات اللہ انصاری صاحب بر ملا ان سے بھی خود قومی آواز میں اختلاف کرتے تھے ان کے اختلاف کرنے کا مطلب یہ تھا کہ نوکری جاسکتی تھی مگر انہوں نے رسک لیا اور جواہر لال نہرو چونکہ خود بھی جمہوری مزاج رکھتے تھے اس لیے انہوں نے بھی ہمیشہ وسیع القلبی کا مظاہرہ کیا۔"۳؎

روزنامہ قومی آواز کے اداریہ تحریر کرنے میں انصاری صاحب نے گہرے غور و فکر کے ساتھ پیش کش کے انداز کو بھی دلکش، دلچسپ اور پرکشش بنایا۔ ادارے کی پیشانی پر ایک موزوں شعر بھی لکھا جانے لگا جو پڑھنے والے کو اداریہ کی پوری تفسیر کا مزہ دے دیتا تھا اور یہ انداز آج بھی قومی آواز کے اداریوں کا طرۂ امتیاز ہے برسہا برس تک معقول اور موزوں اشعار سے مزین اداریوں کو حیات اللہ انصاری نے اپنے وسیع ذوق ادب باریک بینی اور تخلیقی صلاحیتوں سے بڑی افادیت کا حامل بنایا ہے۔ ہزاروں کی تعداد میں اشعار اپنے معنوں کی مقبولیت کے ساتھ استعمال ہو کر اپنی انفرادیت کا لوہا پڑھنے والوں سے منواتے چلے آئے ہیں۔ ممتاز صحافی گربچن چندن نے قومی آواز کے اداریوں کے سفر نامے کے طور پر شعر کے استعمال پر اظہارِ خیال کرتے ہوئے لکھا ہے۔

"ہر ادارے پر اس کے مفہوم کی نمائندگی کرنے والے معیاری شعر کی جدت بھی قارئین کے لیے ایک تحفۂ تخیل تھی۔ لوگ سارا سارا دن اس کا چرچا کرتے رہتے تھے۔

چنانچہ کئی لوگ اکثر شعر سے ایڈیٹوریل کی یاد دلاتے تھے۔ مشرقی پاکستان مرحوم سے جب فرار شروع ہوا تو ایک صاحب حیات اللہ انصاری کو بمبئ میں ملے اور کہا کہ آپ نے مہاجروں کی حالت پر جو ایڈیٹوریل لکھا تھا اس کی پیشانی کے شعر نے سب کچھ کہہ دیا تھا وہ شعر تھا : (۴)

فانی ہم تو جیتے جی وہ میت ہیں بے گور و کفن
غربت جس کو راس نہ آئی اور وطن بھی چھوٹ گیا

موقع و محل کے لحاظ سے ہر روز ایک فکر انگیز شعر اداریہ کے ساتھ پیش کر دینے کی روایت قومی آوز کے ایڈیٹر حیات اللہ انصاری نے اردو صحافت کو عطا کی تھی جو اب تک جاری ہے۔

اردو صحافت کے لیے جس مثالی اور معیاری زبان کا استعمال قومی آواز میں کیا گیا وہ صحیح معنوں میں روز مرہ استعمال میں آنے والی یا ہماری مانوس ترین آسان زبان ہی رہی ہے جو استدلال سے پر اور توازن کی حامل رہی ہے واقعہ یا خبر سے متعلق معلومات پوری بصیرت کے ساتھ بغیر کسی ذہنی الجھن کے ذہن میں سما جاتی ہے اردو صحافت کو رابطہ عامہ کے لیے ایسی ہی سادہ و آسان زبان کی سخت ضرورت تھی حیات اللہ انصاری کی اس خوبی کا اعتراف کرتے ہوئے ممتاز صحافی اظہار احمد لکھتے ہیں۔

"ایک صحافی کی حیثیت سے حیات اللہ انصاری امر ہیں۔ انہوں نے پوری اردو صحافت کو ایک نیا موڑ دے دیا ہے اور اسے ایک نئ تازگی سے آشنا کیا۔ مہذب اور تعلیم یافتہ اردو داں طبقے کے ہاتھ میں ایک ایسا صحافتی مرقع پیش کر دیا جس کے لیے اردو دنیا ہمیشہ ہی ان کی احسان مند رہے گی۔"۵۔

حیات اللہ انصاری نے محض رواداری میں یا جدت طرازی کے نمونے دکھانے

کی دھن میں یہ اختراعی کوشش نہیں کی بلکہ سوچ سمجھ کر پورے شعور و فکر کے ساتھ اسے اختیار کیا اور وہ اس میں کامیاب بھی ہوے۔ حیات اللہ انصاری کے قلم بند کیے ہوئے اداریوں کا انداز اور لب و لہجہ تھا جو اردو صحافت میں ان کے قلم کے ذریعے پروان چڑھا اور صحافتی زبان میں ہنر مندی کے ساتھ پیش ہوا اور بہتر نتائج کا حامل قرار پایا انہوں نے عربی اور فارسی کی اصطلاحات جو اردو اخبارات میں بے تکلف رائج تھیں ان پر اصلاحی نقطۂ نظر سے روک لگائی۔ پیچیدہ اور بوجھل جملوں کا استعمال شعوری طور پر بند کیا اور ان کی جگہ سادہ عام فہم اردو کے الفاظ استعمال کیے۔ سکہ رائج الوقت کی طرح جانے پہچانے انگریزی کے الفاظ بھی بلا تکلف استعمال کیے مثلاً کونسل ہاؤس، پارلیمنٹ، سکریٹریٹ وغیرہ۔

اس پر ایک زمانہ میں مولانا عبد الماجد دریا آبادی نے اعتراضات بھی کیے حیات اللہ انصاری نے ان کے جواب میں صاف طور پر کہا کہ وہی زبان زندہ رہ کر ترقی کرتی ہے جو نئے الفاظ اور اصطلاحات کو سلیقے سے برت کر اپنے ذخیرہ میں متواتر اضافہ کرتی رہتی ہے انہوں نے ہندی کے لاتعداد الفاظ بھی بے محابا اردو میں استعمال کیے اور اردو املا میں اصلاح کی کوشش جاری رکھی۔ کل ہند انجمن ترقی اردو کی کانفرنس میں ان اصلاحی اقدامات پر مدلل خیال آرائی کی اور مضامین و مقالے پڑھ کر انھیں منوایا بھی۔ حیات اللہ انصاری کی اصلاحات کو انجمن نے بھی نہ صرف تسلیم کیا بلکہ اس کو برتنے کی سفارش بھی کی۔

قومی آواز سے پہلے خبروں کی سرخیاں بہت طول و طویل اور جلی عبارت میں لکھی جاتی تھیں اس کی وجہ سے اخبار کے ایک صفحے پر بمشکل چار پانچ خبریں چھپ سکتی تھیں۔ حیات اللہ انصاری نے اس کے اصول مقرر کیے اور ایک صفحے پر سرخیاں لکھنے کا طریقہ

قائم کر کے دس سے بارہ خبریں شائع کرنے کا فارمولا رائج کیا۔ سرخیوں اور خبروں کے الفاظ کی تعداد کا تعین کیا اگر پانچ سطر کی خبر ہے تو یک کالمی سرخی ہوگی، پورے صفحے کو آٹھ کالموں میں تقسیم کیا ان میں خبروں اور سرخیوں کے اصول مرتب کر کے رائج کیے۔ تصاویر اور کارٹون کے لیے مقام اور کالم مخصوص کئے گئے اور ان پر بھی سختی سے عمل جاری رکھا جانے لگا۔ یک کالمی سرخی میں پانچ الفاظ، دو کالم والی سرخی میں سات الفاظ اور تین کالمہ سرخی میں نو الفاظ اسی طرح چار کالم والی سرخی میں گیارہ الفاظ لکھنے کا طریقہ بنایا گیا جو آج قومی آواز ہی میں نہیں دوسرے معیاری اردو اخبارات میں بھی رائج ہے۔

حیات اللہ انصاری نے سیاسی، سماجی علمی، ادبی ہر نوعیت کی خبروں کے لیے اخبار کے صفحات میں مناسب اور موزوں جگہیں مقرر کیں۔ جس سے اخبار کی خوبصورتی میں بھی اضافہ ہوتا گیا۔ خبروں کے علاوہ علمی وادبی مباحث بھی اندورنی صفحات پر شروع کیے گئے۔ جس سے ذوق ادب کی ترویج میں مدد ملی اور صحافت کے ذریعے ادب کو زیادہ اہمیت ملنے لگی۔ انہوں نے فراقؔ گورکھپوری، جوشؔ ملیح آبادی، ڈاکٹر رشید جہاں، سید سجاد ظہیر وغیرہ جیسے نامور صاحب قلم ادیبوں کو اور دوسرے اچھے لکھنے والوں کو قومی آواز کے قلمی معاونین میں شامل کر رکھا تھا۔ شعبہ ادارت میں انہوں نے جن اہم افراد کو جمع کیا تھا ان میں احسن کلیم، باقر رضوی، وجاہت علی سندیلوی، منظر سلیم احمد جمال پاشا، عابد سہیل، قیصر تمکین، عشرت علی صدیقی، متین الزماں، حبیب احمد قدوائی، مجیب سہالوی، مشتاق پردیسی، عبدالغنی وغیرہ ادیب وصحافی بہت مشہور و مقبول رہے ہیں۔ ان کی سجائی ہوئی انجمن کارکن بذات خود ایک ادارے کی حیثیت کا حامل بن کر ابھرا ہے۔ علم وادب، تہذیب وتمدن کی جمہوری فضا کو سنوارنے نکھارنے میں قومی آواز نے جو رول ادا کیا ہے وہ اردو صحافت کی تاریخ کا اہم اور روشن باب ہے۔

حیات اللہ انصاری نے قومی آواز میں ادبی و مذہبی، علمی موضوعات پر مباحث کے سلسلے بھی چلائے جن میں فنون و ادب سے وابستہ دانشوران مباحث میں حصہ لینے لگے ادبی اور مذہبی موضوعات پر مقالے اور مباحث کا اہتمام کیا پوری ردّ و قبول کی کیفیات سے گذارنے کے بعد کسی بڑے عالم یا دانشور سے اختتامی فیصلہ کرانے کا دلچسپ اور دلپذیر سلسلہ بھی رائج کیا اور اس طرح معرکہ آرائیوں اور مباحثہ کا اختتام ہوتا تھا۔

اردو کے روزناموں میں ادبی ضمیمے یا صفحات کا رواج نہیں تھا۔ قومی آواز میں حیات اللہ انصاری نے اس سلسلے کا آغاز کیا جو بے مقبول ہوا۔ طول طویل مضامین اور آپ بیتی وغیرہ کو باالاقساط چھاپنے کا سلسلہ بھی انہی کی دین ہے۔ اس کا اعتراف کرتے ہوئے سہیل وحید اپنی کتاب صحافتی زبان میں لکھتے ہیں۔

"روزنامہ اخبار کے علاوہ ہر ہفتے میگزین پیش کرنے میں بھی قومی آواز کو اولیت حاصل ہے اس سے قبل ہفتہ واری میگزین کا اردو روزناموں میں رواج نہیں تھا اس کا ہفتہ واری میگزین "ضمیمہ" بہت مقبول ہوا اور ایک زمانہ تھا جب اس کے ضمیمہ میں چھپنا کسی بھی قلم کار کی معراج ہوا کرتی تھی۔ ناولوں اور آپ بیتی کو سیریالائز کرنے کا آغاز بھی قومی آواز نے کیا۔ رشید احمد صدیقی کی مشہور تصانیف ' آشفتہ بیانی میری" اور "عزیزان علی گڑھ کے نام" سب سے پہلے اسی میں سیریل کے طور پر شائع ہوئیں۔"٦ ۔

قومی آواز کے کچھ مستقل کالموں نے بھی شہرت حاصل کی مثلاً "تراشے"، ادبی ورق، شہر نامہ، کتابوں کی باتیں، فروگذاشت، فلم ریوئیوں، گلوریاں، دنیا کا حال اور بچوں کا گوشہ وغیرہ۔

"تراشے "عنوان کے تحت اردو کے دوسرے اخبارات کے وقیع اداریے نقل کیے جاتے تھے۔ افکارِ مضامین کے عنوان سے بھی دوسرے اخبارات کے مضامین نقل کیے

جاتے تھے۔

"ادبی ورق" کے تحت ادبی محفلوں، ادبی تقاریب، مشاعروں وغیرہ پر مبنی رپورٹیں، تبصرے، روداد یں وغیرہ تفصیل کے ساتھ شائع کی جاتی تھیں۔ مشاعروں کے منتخب اشعار بھی شامل رہتے تھے جو کافی بڑے حلقوں میں پسند کیے جاتے تھے۔

شہر نامہ میں شہری زندگی کے مختلف النوع مسائل پر روشنی ڈالی جاتی تھی اور عوامی ضرورتوں کی وضاحت کر کے متعلقہ محکموں کی توجہ ان امور پر مبذول کرانے کی کوششیں بھی کی جاتی تھی۔

اردو میں چھپنے والی نئ اور پرانی کتابوں پر سیر حاصل تبصرے "کتابوں کی باتیں" عنوان سے شائع کیے جاتے تھے یہ سلسلہ بھی علمی و ادبی حلقوں کی براہِ راست توجہ کا مرکز تھا۔

قومی آواز کا "فروگذاشت" کالم بھی بڑا مقبول کالم تھا اس کو مفتی محمد رضا انصاری لکھتے تھے۔ "دنیا کا حال" اس کالم کو پہلے ڈاکٹر عبد العلیم لکھتے تھے اور کچھ عرصے کے بعد سے اس کو عشرت علی صدیقی لکھنے لگے اور پھر یہ عشرت علی صدیقی کا خاص کالم بن گیا جو عرصۂ دراز تک جاری رہا اور ہر طبقے میں پسند کیا جاتا رہا۔

فلم ریویو کے ذریعے نئی فلموں پر تبصرے اور نت نئے ڈھنگ سے خیال آرائی کی جاتی تھی فلم بین حلقوں میں اس کو بھی بے حد مقبولیت حاصل رہی ہے۔

"گلوریاں" فکاہی کالم تھا اس کو بہت عرصے تک خود حیات اللہ انصاری نے لکھا پھر مجیب سہالوی، مشتاق پردیسی وغیرہ لکھتے رہے۔ یہ بھی عوامی پسند کا مقبول کالم بنا رہا۔

"عالم اسلام" بھی قومی آواز کا بے حد مقبول کالم رہا ہے اس کو مولانا محمود الحسن ندوی لکھا کرتے تھے اور اسلامی حلقوں میں کافی پسند بھی کیا جاتا تھا طبی معلومات پر بھی

ایک کالم قائم کیا گیا تھا۔

اسی طرح خواتین کی توجہ قومی آواز کی طرف مبذول کرانے کے لیے انہوں نے ایک تحریک کا آغاز کیا اور قومی آواز میں خواتین کے لیے جگہ مخصوص کی۔ اس کے اثرات عورتوں پر ایسے مرتب ہوئے کہ حیات اللہ انصاری کی بیوی سلطانہ حیات ان کی ہم عصر رضیہ سجاد ظہیر اور دیگر خواتین اہلِ قلم کے تعاون سے ایک تنظیم "بزمِ خواتین" کا قیام عمل میں آیا جس سے عورتوں کی تخلیقی صلاحیتیں ابھر کر سامنے آئیں اور اہلِ قلم خواتین کا کافی بڑا حلقہ بنتا گیا۔

عام پڑھنے والوں کو اخبار سے جوڑنے کے لیے "مراسلات" کا کالم قائم کیا اور اس میں اظہار رائے کی آزادی کا خاص خیال رکھا گیا۔ مخالفانہ مراسلے بھی پوری نیک نیتی کے ساتھ شائع کیے اور ان کے جوابات بھی چھاپے نصرت پبلشرز کے مالک نامور ادیب عابد سہیل بھی قومی آواز میں حیات اللہ انصاری کے ساتھ اسٹاف میں شامل تھے بلکہ ان کا تقرر ہی ان کی صلاحیت دیکھ کر حیات اللہ انصاری نے کیا تھا وہ اپنے ایک مضمون "کچھ یادیں کچھ باتیں" میں لکھتے ہیں۔

"حیات اللہ انصاری صاحب نے کمیونسٹ پارٹی کو اردو دشمن اور مسلم دشمن ثابت کرنے کی کوشش کرکے ایک نہایت سخت اداریہ لکھا۔ بلکہ شاندار مسلسل اداریے لکھے۔ میں نے دفتر میں ہی بیٹھ کر اس کا نہایت سخت جواب لکھا اور پارٹی کی شہر کی شاخ کے سکریٹری بابو خاں کو لے کر حیات اللہ انصاری صاحب کے کمرے میں گیا اور وہ مراسلہ ان کو دیتے ہوئے میں نے کہا۔ "بابو خاں صاحب نے یہ مراسلہ آپ کے اداریے کے سلسلے میں لکھا ہے" حیات اللہ انصاری صاحب نے جنہیں شاید اس بات کا علم ہو چکا تھا کہ جواب میں نے لکھا ہے "یہ تو آپ کی تحریر ہے، لیکن حالات تو بابو خاں صاحب کے

ہیں" میں نے جواب دیا۔ وہ مسکرائے اور مراسلہ کے صفحات الٹ پلٹ کر دیکھنے لگے۔ "بھائی یہ بے حد طویل ہے" "آپ کے ادارے کیا کم" "اچھا اچھا دیکھوں گا" انہوں نے کہا اور گفتگو ختم کر دی اگلے دن یہ مراسلہ قومی آواز میں من وعن شائع ہوا۔"۷

اردو اخبارات لیتھو پر چھپتے تھے قومی آواز بھی لیتھو پریس میں ہی چھپنا شروع ہوا۔ اردو اخبارات میں تصاویر کی اشاعت سے حتی الامکان گریز کیا جاتا تھا کیوں کہ ان میں تصاویر ایسی شائع ہوتی تھیں کہ صاحب تصویر کے چہرے کے شناخت دشوار ہو جاتی تھی۔ حیات اللہ انصاری نے لیتھو پریس کی چھپائی کے طریقے کا جائزہ لے کر اس کے بہتر امکانات پر پوری توجہ دی اور یہ معلوم کر لیا کہ چھپائی کا کام کرنے والے لوگ اکثر بغیر پڑھے لکھے ہوئے ہیں اخبار کا عملہ مشینوں کے کام سے کوئی دلچسپی نہیں رکھتا۔ کاتب جو کتابت کر کے دیتا اسے مروجہ طریقوں پر منتقل کر کے چھپائی کی جاتی تھی جب پریس اور اس کے عملے میں حیات اللہ انصاری نے دلچسپی لی تو انہوں نے یہ بھی دیکھا کہا اپنی لیتھو پریس میں اٹلس، نقشے اور پوسٹر وغیرہ کافی خوبصورت انداز میں مختلف رنگوں کے استعمال کے ساتھ چھپتے ہیں اور ان کی خوبصورتی وچھپائی کے لیے اچھے آرٹسٹ بھی مل جاتے ہیں اور اس کے ساتھ ہی مختلف رنگوں کی روشنائیوں کا استعمال وہ لوگ جس حسن و خوبی کے ساتھ پریس کے دباؤ اور جماؤ کے ذریعے انجام دیتے ہیں اور یہ طریقہ ان کی چھپائی کو دیدہ ذیب بنا دیتا ہے حیات اللہ انصاری نے ان تجربات کو قومی آواز کے لیے کرنا شروع کیا۔ اچھے اور پڑھے لکھے کاریگر پریس میں لائے اور اس کے ذریعے قومی آواز کو بہتر طباعت سے آراستہ کیا ان کا یہ تجربہ کامیاب رہا اور بہت جلد ہاف ٹون کی تصاویر قومی آواز میں اتنی اچھی چھپنے لگیں کہ انگریزی اخبار نیشنل ہیرالڈ میں بلاک پر چھپنے والی تصاویر سے زیادہ صاف ستھری اور خوبصورت نظر آنے لگیں۔ ملک بھر میں قومی آواز کی

طباعت کے حسن کو نہ صرف سراہا گیا بلکہ ملک کے دوسرے حصوں سے اور لاہور و پاکستان سے شائع ہونے والے اخبارات سے قومی آواز کے طریقۂ کار کو سمجھنے کے لیے لکھنؤ تک آئے۔ اس طرح حیات اللہ انصاری نے قومی آواز کو اپنے عہد کے جدید ترین بین الاقوامی اخبارات سے ہم آہنگ کر دیا اور بقول اظہار احمد:

"انہوں نے واقعی اردو طبقے کو انگریزی اخبار سے بے نیاز کر دینے کا عظیم کارنامہ انجام دیا۔"۸۔

صحافت کے معیار کو بلند کرنے میں حیات اللہ انصاری نے جو جدوجہد کی اور جو نت نئے تجربات کیے اسی کے سبب ملک بھر کے مقتدر اہلِ قلم اور دانشور قومی آواز سے وابستہ ہوتے گئے ان کے عہد میں صفِ اول کے لکھنے والے قومی آواز میں لکھتے بھی رہے اس کی تحریری جدوجہد میں شریک بھی ہوتے رہے ہیں اس طرح قومی آواز بیشتر معاملات میں اردو کا سب سے اچھا اور معیاری اخبار بنتا چلا گیا حیات اللہ انصاری اور ان کی ادارت میں چھپنے والے اس اخبار قومی آواز نے مقبولیت کی تمام منزلیں طے کر لیں اردو صحافت کو اس کا یہ فائدہ ہوا کہ بعد میں نکلنے والے اخبارات اور ہم عصر اردو اخبارات کو ایک جدید نوعیت کا مثالی اخبار بہ آسانی مل گیا۔ "صحافتی زبان" پر تحقیقی مقالہ لکھنے والے سہیل وحید نے اردو کے اخبارات پر قومی آواز کے اثرات کا جائزہ لیتے ہوئے لکھا ہے

"مجموعی طور پر یہ کہا جا سکتا ہے کہ قومی آواز نے جن صحافتی اصولوں کی داغ بیل ڈالی اور جو معیار صحافت کا پیش کیا جس جدید صحافتی زبان کو متعارف کرایا اس کا اثر ضرور پڑا اور ایسا نہیں کہ ان اخباروں نے بھی جنھوں نے قومی آواز کا طرز اختیار نہیں کیا انہوں نے بھی قومی آواز سے کچھ چیزیں ضرور مستعار لیں وہ چاہے اداریہ لکھنے کا انداز ہو یا کالم نویسی۔ اور ان چیزوں کی پیش کش کے طریقے یا پھر کچھ نہیں تو مضامین کے

موضوعات ہی۔"۹۔

قومی آواز کی ایک بڑی خصوصیت یہ بھی رہی کہ اس اخبار نے قوم پرست حلقوں بالخصوص مسلمانوں میں مسلم لیگ یا کمیونسٹ پارٹیوں کے نظریات کے بر خلاف سیکولرزم اور سوشلزم کے خیالات اور نظریات کو نہ صرف مدلل طریقے پر پھیلایا بلکہ بڑی حد تک اس کو مقبول عام بنانے میں بھی سرگرم حصہ لیااس معاملے میں حیات اللہ انصاری نے کانگریس میں شامل ان تمام عناصر کو بھی بے نقاب کیاجو فرقہ پرستی یا انتہا پسندی کی طرف ملک کو دھکیل دینا چاہتے تھے۔ سرمایہ پرستی کے خلاف عوامی ذہن کو بیدار کرنے کا مہاتما گاندھی اور مولانا ابوالکلام آزاد کا بتایا ہوا راستہ جو سودیسی اور سوشلزم پر مبنی تھا۔ جس کے نمائندہ پنڈت جواہر لال نہرو تھے اس کو عوام میں مقبول بنایا تقسیم ہند کے بعد مسلمانوں میں مایوسی خوف وہراس کا احساس گھر کر گیا تھا قومی آواز کے کالموں کے ذریعے حیات اللہ انصاری نے اس احساس کو کم کرنے اور قوم کو حالات کے مطابق صبر و تحمل کے ساتھ پوری ہوشمندی جرأت اور بے باکی کے ساتھ امید اور بہتر امکانات کی طرف موڑنے کی بھرپور کوششیں کیں۔ قومی آواز کے ذریعہ علاوہ ازیں انھوں نے لکھنؤ میں مسلم کانفرنس منعقد کرائی جس کو مولانا ابوالکلام آزاد جیسے جلیل القدر مفکر نے اپنے ولولہ انگریز خطاب سے حیات نو بخشی۔ مولانا آزاد کی بصیرت افروز تقریر نے مسلمانوں میں زندگی کی نئی روح پھونکی جس کا قومی آواز روز اول سے ہی نقیب بنا ہوا تھا اس کانفرنس کے بعد فرقہ پرستی کے خلاف محاذ جنگ کو اور تیز کر دیا گیا۔ رفیع احمد قدوائی اور پنڈت جواہر لال نہرو کی سیاسی سوجھ بوجھ اور حیات اللہ انصاری کے قومی آواز کے اداریوں نے ملک وملت کے حالات میں لائق تحسین تبدیلیاں پیدا کر دیں اس لحاظ سے بھی قومی آواز اور حیات اللہ انصاری کی بالغ نظری اور رہنمائی کا اعتراف پورے ملک میں کیا جاتا

رہا ہے۔ دہلی، حیدرآباد، کلکتہ اور دوسرے مقامات سے شائع ہونے والے مسلم اخبارات میں جانبداری کا رجحان کارفرما تھا تو قومی آواز غیر جانبدار، نیشنلسٹ اخبار ہونے کی وجہ سے زیادہ پر اثر رول ادا کر رہا تھا۔ فرقہ وارانہ فسادات کا معاملہ ہو یا پھر اردو کے مخالف ذہنوں کو بے نقاب کرنے کا کوئی موقع قومی آواز نے انھیں کبھی نظر انداز نہیں کیا۔ اردو کی بقا اور ترقی کے لیے ان تھک کوششیں کیں اور اس کے ساتھ برتی جارہی ناانصافی کے خلاف آواز بلند کی، پرامن اور آئینی محاذ کھولے، ڈاکٹر ذاکر حسین اور قاضی عبد الغفار جیسے مقتدر قوم پرستوں کے ساتھ مل کر اردو کی دستخطی مہم خود اور اپنے رفقاء کے بل بوتے پر پوری ریاست اتر پردیش میں چلائی اور ۲۲ لاکھ دستخطوں کے ساتھ محضر نامہ صدر جمہوریہ ہند کی خدمت میں پیش کیا۔ اس تحریک کو بھرپور عوامی حمایت دلانے میں قومی آواز کی خدمت بھی ناقابل فراموش رہی ہے۔

اردو صحافت کی تاریخ لکھنے والے قومی آواز کی خدمات اور حیات اللہ انصاری کے کارناموں کو ہمیشہ عزت و احترام کے ساتھ یاد رکھے گی۔ بے شک حیات اللہ انصاری نے اردو صحافت کو نئی سمت و رفتار عطا کی تھی اور اسے ہندوستان کی دوسری زبانوں کے مقابلے میں کہیں زیادہ ترقی یافتہ بنا کر بین الاقوامی معیار پر لا کھڑا کیا تھا جو ظاہر ہے کہ ان کا ایک بے مثال کارنامہ ہے۔

حواشی

۱ : اردو صحافت اور لکھنؤ۔ پروانہ رودولوی۔ مطبوعہ نیا دور فروری مارچ ۱۹۹۴ ص ۲۵

۲: اردو صحافت اور قومی آواز، خلیق انجم معلم اردو حیات اللہ انصاری نمبر جنوری، ۱۹۸۶ شمارہ ۴۵ ص۔ ۱۹

۳: اردو صحافت اور قومی آواز، خلیق انجم معلم اردو حیات اللہ انصاری نمبر جنوری، ۱۹۸۶ شمارہ ۴۵ ص۔۱۹

۴: اردو صحافت میں حیات اللہ انصاری کی پہل کاریاں۔ گر بچن چندن مطبوعہ ماہنامہ کتاب نما نومبر ۱۹۴۶

۵: اظہار احمد معلم اردو حیات اللہ انصاری نمبر جنوری، ۱۹۸۶ شمارہ ۴۵ ص۔۱۵

۶: صحافتی زبان، سہیل وحید اعلیٰ پریس، دہلی ۱۹۹۶ ص ۱۹۳

۷: کچھ یادیں کچھ باتیں، معلم اردو حیات اللہ انصاری نمبر جنوری، ۱۹۸۶ شمارہ ۴۵ ص۔۱۲

۸: اداریہ، اظہار احمد، معلم اردو حیات اللہ انصاری نمبر حصہ دوم دسمبر ۱۹۸۵ ص۔۱۵

۹: صحافتی زبان، سہیل وحید اعلیٰ پریس، دہلی ۱۹۹۶ ۲۱۴

***

Journalistic contributions of Hayatullah Ansari.
By: Dr. Ishrat Naheed

(۶) لالہ جگت نرائن: ہندی کا پرستار اردو کا خادم

جی ڈی چندن

لالہ جگت نرائن کی کہانی جو ۳۱؍ مئی ۱۸۹۹ میں وزیر آباد ضلع گوجرانوالہ (اب پاکستان میں ہے) میں پیدا ہوئے، ایک ایسی حقیقت ہے جو افسانے سے بھی زیادہ حیرت انگیز ہے۔

لالہ جگت نرائن نے لاہور کے ڈی اے وی کالج سے بی۔ اے۔ کیا جو اپنے طلبا میں ہندی زبان سے محبت پیدا کرتا ہے۔ ۱۹۲۴ میں اپنے کیریئر کا آغاز بھائی پرمانند کے ہندی ہفت روزہ اخبار "آکاش بانی" لاہور میں شرکت سے کیا اور پھر کچھ برس بعد لاہور ہی میں "شری ورجانند پرنٹنگ پریس" قائم کیا جہاں بیشتر ہندی کتب کی طباعت ہوتی تھی۔

۱۹۴۷ میں ملک تقسیم ہوا تو وہ ہجرت کر کے جالندھر آ گئے جہاں کچھ عرصہ بعد انھوں نے ایک ایسی تحریک میں حصہ لیا جو مشرقی پنجاب میں ہندی کے تحفظ کے لیے تھی۔ اس کی وجہ سے انھوں نے جیل کی قید بھی کاٹی۔ بعد میں جب خالصتانی انتہا پسندوں نے انھیں گولیوں سے ہلاک کر دیا (بتاریخ: ۹؍ ستمبر ۱۹۸۱ء) تو اس کی وجہ بھی انتہا پسندوں کا یہ شک تھا کہ وہ ان کے مسلک کے مخالف ہیں۔ لیکن لالہ جی کی گوناگوں زندگی کا ایک نہایت تابندہ ورق، جو آج بھی درخشاں ہے، وہ اردو روزنامہ "ہند سماچار" کا اجرا تھا جو ان کی زندگی ہی میں ملک کا سب سے زیادہ چھپنے والا اردو روزنامہ بن گیا۔

جب ۹؍ ستمبر ۱۹۸۱ کو لدھیانہ کے نزدیک جرنیلی سڑک پر انتہا پسندوں نے لالہ جی

کو قتل کیا اس وقت ان کی عمر ۸۲ سال تھی۔ ان ۸۲ برسوں میں ۴۸ سال وہ اپنے وطنِ پیدائش (جسے اب پاکستان کہتے ہیں) میں رہے اور باقی ۳۴ سال ہندوستان میں۔ ان ۳۴ میں سے ۳۳ سال وہ ہند سماچار کے ایڈیٹر رہے۔ جو انھوں نے مئی ۱۹۴۸ میں جاری کیا تھا۔ اس کے بعد انھوں نے جالندھر ہی سے ۱۹۶۵ میں ایک ہندی روزنامہ "پنجاب کیسری" اور ۱۹۷۸ میں ایک پنجابی روزنامہ "جگ بانی" جاری کیے۔ وہ اردو کے کوئی عالم نہیں تھے لیکن اپنے ارد گرد کے حالات کا گہرا شعور رکھتے تھے۔

ملک کی تقسیم اور لاکھوں لوگوں کی ہجرت کے بعد جالندھر نہ صرف نئے منقسم پنجاب کا، جسے ان دنوں 'مشرقی پنجاب' کا نام دیا گیا، عارضی صدر مقام بلکہ صحافتی دارالخلافہ بھی تھا۔ متحدہ پنجاب کے دارالخلافہ لاہور کے، جو متحدہ ہندوستان کے اردو پریس کا ایک زبردست مرکز تھا، ہندو اور سکھ ملکیت کے بہت سارے اخبارات ہجرت کر کے جالندھر آ گئے تھے۔

۱۹۵۰ میں مشرقی پنجاب کے اردو روزناموں کا مجموعی سرکولیشن ۸۱,۸۰۰ تھا۔ حکومت ہند کے ایک گائڈ کے مطابق یہ عدد ملک کی ہر اس ریاست سے زیادہ تھا جہاں سے اردو اخبار چھپتے تھے۔ سکھ ملکیت کے روزنامہ "اجیت" کا، جو بیک وقت جالندھر اور امرتسر سے شائع ہوتا تھا، سرکولیشن ریاست کے تمام اردو اخباروں میں سب سے زیادہ تھا۔ اس کا عدد ۱۴,۹۸۶ تھا۔

ریاست میں اردو کے کل دس روزنامے تھے جن میں بیشتر جالندھر ہی سے چھپتے تھے۔ امر واقعہ یہ تھا کہ اس وقت اردو پریس ہی ریاست کا سب سے موثر لسانی پریس تھا اور اس وقت اس ریاست میں وہ علاقے بھی شامل تھے جو ۱۹۶۶ میں ہریانہ اور ہماچل پردیش کی الگ ریاستیں قرار دیے گئے۔ پھر جالندھر کے اخبار پیپسو [PEPSU] میں

بھی دور دور تک پڑھے جاتے تھے۔

یہ علاقہ (پیپسو) ان آٹھ دیسی ریاستوں کا مجموعہ تھا جن کا انضمام ۱۹۴۸ میں کر دیا گیا تھا۔ اس میں پٹیالہ، نابھ (Nabha)، جیند (Jind)، فرید کوٹ، کپور تھلہ، کلسیا (Kalsia)، نالہ گڑھ (Nalagarh) اور مالیر کوٹلہ شامل تھے۔ پھر جالندھر کے اردو اخباروں کی طلب جموں و کشمیر، راجستھان اور اتر پردیش کے نواحی اضلاع میں بھی تھی۔

ہند سماچار نے اپنا آغاز تین ہزار کے قلیل سر کولیشن سے کیا۔ اس کے اجرا کے وقت لالہ جگت نرائن جو گاندھیائی خیالات کے ایک آزمودہ مجاہد آزادی تھے، پنجاب پردیش کانگریس کمیٹی کے جنرل سکریٹری اور آل انڈیا کانگریس کمیٹی کے رکن تھے۔ بعد میں ۱۹۵۲ میں وہ شری بھیم سین سچر کی کابینہ میں تعلیم، ٹرانسپورٹ اور صحت کے امور کے وزیر مقرر ہوئے۔

لیکن ان تمام عہدوں نے ہند سماچار کی ابتدا کو حیرت انگیز نہ بنایا بلکہ حقیقت یہ تھی کہ مقامی اخبارات پرتاپ، ملاپ، ویر بھارت، اجیت اور پربھات جیسے قدیم روزناموں کے علاوہ 'شیر بھارت' اور 'جے ہند' ایسے نئے روزناموں سے بھی مرعوب تھا (ان میں سے اکثر اخبار اب بند ہو چکے ہیں)۔

۱۹۵۶ میں لالہ جی کانگریس سے مستعفی ہو گئے اور پھر ایک آزاد امیدوار کی حیثیت سے پنجاب اسمبلی اور پارلیمنٹ (راجیہ سبھا) کے انتخابات جیتے۔ ان کی آزادی، ان کے اخبار کی تحریروں میں بہت نمایاں ہوئی جو اب حکومت نوازنہ رہا۔

ان کا ہاتھ بٹانے والوں میں ان کے دو نوجوان بیٹے شری رومیش چندر اور شری وجے کمار سر فہرست تھے۔ اخبار کے اجرا کے وقت بڑے بھائی رومیش کی عمر قریباً ۲۲ سال اور چھوٹے بھائی وجے کی عمر قریب سولہ سال تھی۔ بڑا بیٹا والد ہی کے نقش قدم پر

چل رہا تھا۔ والد ہی کی طرح وہ بھی ڈی اے وی کالج لاہور سے گریجویشن (بی ایس سی) کرنے کے بعد مہاتما گاندھی کی 'کوئٹ انڈیا تحریک' میں جیل کاٹ رہا ہوا تھا اور چھوٹے نے ڈی اے وی کالج جالندھر میں ۱۹۵۶ میں داخلہ لیا تھا۔ بہر حال ۱۹۵۶ تک دونوں کل وقتی طور پر 'ہند سماچار' سے وابستہ ہو گئے تھے۔

خود اخبار بھی اپنے مقامی ہم عصروں سے مقابلے کی تیز دوڑ میں شامل ہو چکا تھا۔ ان دونوں نے کسی اردو نصاب کی سبقاً سبقاً تعلیم نہیں پائی تھی لیکن ان کے والد کی رہنمائی اور اخبار کی براہ راست ذمے داری نے انھیں ضابطے کے نصاب کے بجائے عملی تعلیم اور کام کی اونچ نیچ سے بہرہ ور کر دیا تھا۔ حقیقتاً رومیش ۱۹۵۲ سے اخبار کا نائب مدیر اور کچھ برس بعد سے اس کا منیجر اور کمپنی سکریٹری تھا۔

اخبار ترقی کی راہ پر گامزن ہو چکا تھا۔ اب حالات اور مسائل بھی بدل گئے تھے۔ ابتدا میں اسے بے گھر لوگوں کے مسائل سے سابقہ تھا جن کی نمائندگی میں پرتاپ، ملاپ، ویر بھارت، اجیت اور پربھات جیسے مقامی ہمعصر اخبارات زیادہ جوشیلے تھے کیوں کہ وہ خود بھی لاہور سے بے گھر ہو کر آئے تھے۔

۱۹۵۵ میں ریاستوں کی تنظیم نو کے کمیشن کی رپورٹ منظر عام پر آئی۔ اس میں مشرقی پنجاب کی مزید تقسیم کی حمایت نہ کی گئی۔ اس کے برعکس اس میں یہ سفارش کی گئی کہ پیپسو اور ہماچل پردیش کو جسے ۱۹۵۳ میں پارلیمنٹ کے ایک قانون کے تحت جداگانہ درجہ دیا تھا، مشرقی پنجاب میں ضم کر دیا جائے۔

پنجابی صوبے کے علم برداروں نے اس رپورٹ کو منظور نہ کیا اور لسانی بنیاد پر مشرقی پنجاب کی تشکیل نو کے لیے تحریک شروع کر دی۔ اس سے ریاست کی سیاسیات کی ترجیحات بدل گئیں اور بحالی کے مسئلے کی اولیت معدوم ہو گئی۔ 'ہند سماچار' نے مشرقی

پنجاب کی مزید تقسیم کی قدرے شدت سے مخالفت کی۔ اس کی تحریروں سے بڑی گرمی اور حرارت پیدا ہوئی۔ ۱۹۵۷ میں اس کا سرکولیشن ۵۴۴۰ تک بڑھ گیا۔ یہ عدد مقامی "پرتاپ" (۱۲۳۲۵) اور "ملاپ" (۹۳۳۶) کے بعد تیسرے نمبر پر تھا۔

یہ رفتارِ ترقی بڑھتی رہی۔ ۱۹۶۶ میں مشرقی پنجاب کی لسانی بنیاد پر تشکیل نو ہو گئی۔ اس کے نتیجے میں غیر پنجابی اضلاع اس سے الگ ہو گئے اور وہ ہریانہ اور ہماچل کے نام سے دو نئی ریاستیں بن گئیں۔ البتہ پیپسو کو نئے پنجاب میں ضم کر دیا گیا۔

بہر حال اس تشکیل نو میں لسانی پریس کے مرتبے میں کوئی خلل واقع نہ ہوا۔ حسب سابق اس پریس کا اجتماع جالندھر ہی میں رہا۔ ریاست کی لسانی تحریک میں لالہ جگت نرائن کی عملی شرکت کی وجہ سے "ہند ساچار" کی کشش اور اہمیت میں اضافہ ہو گیا تھا۔

۱۹۶۶ میں اس کا سرکولیشن تمام مقامی ہم عصروں سے بڑھ گیا اور یہ ۱۷،۶۲۳ ہو گیا۔ یہ عدد اس کے ابتدائی عدد سے چھ گنا زیادہ تھا۔

۱۹۷۱ میں میں یہ اخبار پورے ملک کا سب سے زیادہ چھپنے والا اردو روزنامہ بن گیا۔ اس بلندی سے یہ تادمِ تحریر نیچے نہیں اترا بلکہ ۱۹۷۶ میں پچاس ہزار کی حد پار کر کے یہ "بڑے" اخباروں کے زمرے میں شامل ہو گیا۔ اس سال اس کا سرکولیشن ۵۲،۶۹۷ تھا۔ یوں ہندوستان کا واحد "بڑا" اردو روزنامہ کہلایا۔ ۱۹۸۱ میں یعنی لالہ جی کی شہادت کے سال میں اس کا سرکولیشن ۶۸،۷۷۳ تھا۔

یہ ترقی صرف اشاعت کی تعداد تک ہی محدود نہیں تھی، اس کی وسعت اخبار کے دوسرے پہلوؤں تک بھی پہنچی جس سے اندازہ ہوتا ہے کہ لالہ جی کا مقصد ملک کے سامنے ایک مثالی اردو اخبار پیش کرنا تھا۔ اس کی خبروں کے لیے انھوں نے نہ صرف معیاری ایجنسیوں کی سروس حاصل کی بلکہ دور دراز تک اپنے نامہ نگاروں اور نمائندوں کا

ایک ایسا جال بچھایا جن کی مدد سے وہ جگہ جگہ کی خبروں سے مالامال ہو گیا۔ پھر انھوں نے اس کے لیے اردو اور انگریزی کے ممتاز کالم نگاروں اور قلم کاروں کا اشتراک حاصل کیا۔ خیالات کے لحاظ سے لالہ جی نے قوم پرست اور سیکولر انداز نظر روا رکھا جس سے اس میں ہر فرقے کے خیالات کو جگہ ملی۔ تکنیکی لحاظ سے انھوں نے جدید ترین تدبیروں سے کام لیا۔ چنانچہ "ہند سماچار" پہلا اردو روزنامہ تھا جس نے اپنے اوراق میں چار رنگوں کی طباعت پیش کی اور واحد اردو اخبار بنا جو ہفتے میں تین دن (منگل، جمعرات اور اتوار) کو رنگین ایڈیشن شائع کرتا ہے۔

۱۹۶۶ تقسیم کے بعد پنجاب ایک لسانی (پنجابی) ریاست ہے۔ ۱۹۸۱ کی مردم شماری کے اعتبار سے وہاں ۸۴۔۸۸ فی صد لوگ پنجابی بولتے ہیں اور ۱۴۔۶۰ فیصد ہندی۔ اردو اب وہاں ایک داستان پارینہ ہے لہذا ایک اردو اخبار کی اشاعت کو قدم قدم پر مشکلات کا سامنا ہے لیکن اپنے والد کی خواہش کے احترام سے، ان کے دونوں بیٹوں نے اخبار کی برقراری کے لیے جوش اور جذبے سے کام کیا ہے۔ ان ہی کی کوششوں کی بدولت اخبار میں اب مشینی طریقے سے کمپوزنگ ہوتی ہے۔ یہ وہ طریقۂ عمل ہے جو اسی (۸۰ء) کے دہے کے اوائل تک اردو دنیا کے لیے ایک ناممکن بات تصور کی جاتی تھی۔ کیوں کہ اس زبان کے ان گنت جوڑوں کو مشین کے کل پرزوں سے آپس میں ملانا محال تھا۔

۱۲/ مئی ۱۹۸۴ کو رومیش چندر کو بھی خالصتانی انتہا پسندوں نے گولیوں سے بھون دیا۔ لیکن چھوٹے بھائی وجے نے والد کی خواہشات کو برابر پیش نظر رکھا اور مونو ٹائپ لیزر کو کمپیوٹر کے نستعلیق فوٹو ٹائپ سیٹنگ کے جدید طریقے سے کام لیتے ہوئے اخبار میں کمپیوٹری نظام رائج کیا۔ اب "ہند سماچار" کا نوے فیصد حصہ فوٹو کمپوز ہوتا ہے۔ اس پر قریباً ایک کروڑ روپے کی سرمایہ کاری ہو چکی ہے۔ لیکن اس نے ثابت کر دیا ہے کہ اردو صحافت

کاتب اور لیتھو کی پریشان کن اور ہمت شکن اسیری سے آزاد ہو سکتی ہے۔ نیا طریقہ بہت گراں بار ہے لیکن اس شعبے میں مزید تجربے ہو رہے ہیں۔ لہذا آنے والے برسوں میں اس کی لاگت اور اخراجات میں اصلاح ہونے کی توقع ہے۔

جالندھر کے تقریباً تمام سر کردہ اردو روزنامے اندرون ریاست عدم پذیرائی اور دیگر پیشہ ورانہ مشکلات کی وجہ سے بند ہو چکے ہیں۔ ان مشکلات میں اب ایک اور مسئلہ یہ بڑھا ہے کہ خالصتانی انتہا پسند ان کی تقسیم میں مہلک رخنے ڈالتے ہیں اور اخباروں کے عملے کو قتل کی دھمکیاں دیتے رہتے ہیں۔ ریاست کے قدیم ترین اردو روزنامہ "پرتاپ" نے پچھلے سال دسمبر کے آخر میں اپنی اشاعت عارضی طور معطل کر دی تھی۔ "ہند سماچار" کی حالت آج ایک گل صحرائی کی ہے لیکن یہ پو دا لالہ جگت نرائن مرحوم کی یادگار ہے۔ یہ کہنا مشکل ہے کہ یہ کب تک زندہ رہے گا لیکن یہ حیات ہو یا مرحوم، اس کا مرتبہ اردو صحافت کے ایک عظیم قصے کے طور پر قائم رہے گا۔

نوٹ: ہند سماچار (اردو) آج بھی تین مقامات سے شائع ہو رہا ہے: جالندھر، چندی گڑھ اور جموں۔ اسی طرح روزنامہ "پرتاپ" دہلی سے بہ پابندی آج بھی شائع ہو رہا ہے۔

***

Lala Jagat Narain, the founder of Hind Samachar Urdu.

By: G. D. Chandan

(۷) خوشتر گرامی : بیسویں صدی کا افسانوی صحافی

فاروق ارگلی

تقسیم وطن کے بعد ہندوستان میں اردو کے مقبول ترین رسائل و جرائد کی تاریخ میں رسالہ "بیسویں صدی" اور اس کے بانی و مدیر رام رکھامل خوشتر گرامی کا نام سر فہرست ہے۔ گذشتہ صدی کے جس اردو فکشن یا افسانوی ادب کی بنیادوں پر آج کی اردو دانشوری کی بلند بالا عمارت کھڑی ہے، اس کی تعمیر اور فروغ میں خوشتر گرامی اور رسالہ بیسویں صدی کا بہت بڑا حصہ ہے۔

کرشن چندر، راجندر سنگھ بیدی، خواجہ احمد عباس، عصمت چغتائی، قرۃ العین حیدر، سلمیٰ صدیقی اور رام لعل سے لے کر بعد کے نامور افسانہ نگاروں اور عہد کے تقریباً تمام ہی نامور شعراء کو بیسویں صدی کے ذریعہ مطلع عام پر چمکنے کا موقع ملا۔ خوشتر گرامی نے اپنی زندگی میں لاتعداد صلاحیتوں کو دنیا کے سامنے پیش کر کے انہیں شہرت و کامیابی سے ہمکنار کیا۔ رسالہ بیسویں صدی مسلسل نصف صدی سے زیادہ مدت تک بر صغیر کے ہزارہا باشعور گھرانوں کا پسندیدہ رسالہ بنا رہا۔ اس دور میں لاتعداد جریدے شائع ہوتے رہے لیکن "بیسویں صدی" جیسی کامیابی اور معیار کسی اور رسالے کو نصیب نہ ہو۔

خوشتر گرامی نہ صرف ایک لائق ترین صحیفہ نگار تھے بلکہ وہ اپنے عہد کے بہت اچھے ادیب اور طنز نگار بھی تھے، اخبارات کی سرخیوں اور چھوٹی چھوٹی باتوں سے تیر و نشر کے عنوان سے ان کی چٹکیاں، ان کی شوخی قلم کی پہچان بن گئیں۔ ان کے بعد بہت سے

کالم نویسوں اور طنز نگاروں نے اس نہج کو اختیار کر کے شہرت پائی۔ عظیم افسانہ نگار کرشن چندر کے مطابق:

"اردو کی ادبی و صحافتی زندگی میں طنز و ظرافت کا ساتھ جڑواں بہنوں کا سا ہے۔ طنز کے میدان میں اردو کے بہترین ادیبوں اور صحافیوں نے اپنے جوہر دکھائے ہیں، رتن ناتھ سرشار، سجاد حسین، ابوالکلام آزاد، ظفر علی خاں، محمد علی جوہر، چراغ حسن حسرت، عبدالمجید سالک، یہ سب لوگ بلند پایہ ادیب بھی تھے اور عظیم صحافی بھی۔ مجبی خوشتر گرامی نے انہی بزرگوں کے نقش قدم پر چلنے کی سعادت حاصل کی ہے اور ادب و صحافت کی بزم میں طنز و ظرافت کی ایسی تابناک شمع روشن کی ہے جس کی ضیاء کبھی ماند نہ ہو گی"۔

خوشتر گرامی کی ادبی صحافت کا سب سے بڑا کارنامہ یہ ہے کہ انہوں نے اردو کے بہترین افسانے لکھوائے اور شائع کئے۔ لیکن انہوں نے تخلیقات کے انتخاب میں کبھی معیار سے سمجھوتہ نہیں کیا۔ انہوں نے "بیسویں صدی" کو بہترین کہانیوں کے ساتھ اعلیٰ شاعری کا ایک مرقع بنا کر پیش کیا۔ "بیسویں صدی" کے لاتعداد بڑے چھوٹے قلمکاروں نے جو افسانے لکھے ان میں زیادہ تر اردو فکشن کا یادگار سرمایہ بن گئے۔ انہوں نے کتابت و طباعت کے حسن اور نفاست کو بھی اردو صحافت میں ایک شاندار مثال بنا دیا۔ آج کمپیوٹر اور جدید ترین رنگین طباعت کی حیرت انگیز آسانیاں فراہم ہیں لیکن آج بھی ہاتھ سے لکھنے جانے اور پرانی مشینوں پر چھاپے جانے والے "بیسویں صدی" کی سی خوبصورتی اور سلیقہ دور دور تک نظر نہیں آتا۔

رام رکھامل خوشتر گرامی اکتوبر ۱۹۰۲ء میں پنجاب کے شہر سیالکوٹ میں پیدا ہوئے، ان کے داد دیوان گنپت رائے شہر کے نہایت دولتمند رئیس تھے، لیکن ان کے والد دیوان بشمبھر ناتھ کو تجارت میں اس قدر خسارہ ہوا کہ رام رکھامل کے عالم شیر خواری میں

ہی یہ گھرانہ عسرت و تنگدستی کا شکار ہو گیا۔ رام رکھامل ابھی صرف تین برس کے تھے کہ والد کا انتقال ہو گیا، ان کی والدہ بچے کو لے کر اپنے مائیکے لاہور آ گئیں۔ انہوں نے کسی نہ کسی طرح بچے کی پرورش کی، اس دور کے مطابق ان کی تعلیم اردو اور فارسی میں ہوئی، چودہ پندرہ برس کے تھے جب والدہ بھی دنیا سے رخصت ہو گئیں۔ نانہالی رشتہ دار نہایت دولتمند اور خوشحال تھے لیکن کسی نے بھی دستگیری نہیں کی، اپنی اور ایک چھوٹی بہن کی کفالت کیلئے ٹیوشن پڑھانے لگے۔ اپنی ابتدائی زندگی کے بارے میں خوشتر گرامی لکھتے ہیں:

"پندرہ برس کی عمر تھی کہ ماں کی پیار بھری گود سے محروم ہو گیا، ہر طرف اندھیرا ہی اندھیرا تھا، کوئی آنسو خشک کرنے والا بھی نہ تھا، میں نے صبر و تحمل کا سہارا لیا، اور ہاتھ بڑھا کر ہمت کا دامن تھام لیا، ہفتے میں دو دو تین تین دن فاقے میں گزرتے، روٹی کبھی صبح کو ملی تو شام کو نہ ملی، اس حالت میں بھی صبر کا دامن ہاتھ سے نہ چھوٹا"۔

ایسے صبر آزما حالات میں بھی تعلیم حاصل کرنے کا جذبہ رام رکھامل کے دل میں جوان رہا لیکن لاکھ کوشش کے باوجود میٹرک سے آگے جانا مشکل ہو گیا۔ کسی نہ کسی طرح بارہویں جماعت تک پہنچے، اس کے بعد باقاعدہ تعلیم کا سلسلہ منقطع ہو گیا، لیکن پڑھنے کا شوق اس قدر تھا کہ منشی فاضل یعنی اردو آنرز کا پرائیوٹ امتحان دیا اور پورے صوبے میں اول آئے۔ ادب اور صحافت کا شوق و ذوق پیدا ہوا تو اردو کی ہر طرح کی کتابیں پڑھ ڈالیں۔ روزی کیلئے انہوں نے کسی اور طرح کی ملازمت یا پیشے کو اپنانے کے بجائے اخبارات میں ملازمت پسند کی۔ یہ ان کی خوش نصیبی تھی کہ انہیں لالہ لاجپت رائے اور مولانا ظفر علی خاں کی خدمت کرنے کا موقع ملا۔ انہوں نے تحریک آزادی کے ترجمان 'زمیندار' اخبار کیلئے رپورٹر کا کام کیا، لاہور کے مشہور اخبار "بندے ماترم" کے ادارتی شعبے میں ملازمت کی۔

حب الوطنی اور وطن کی آزادی کا جذبہ شروع سے ہی ان کے اندر موجود تھا۔ اخبار نویسی نے اس جذبے کو مہمیز کیا۔ ایک نوجوان صحافی کی حیثیت سے شہرت بھی ملی۔ یہ وقت تھا جب انہیں لالہ لاجپت رائے اور ظفر علی خاں جیسے عظیم رہنماوں کے ساتھ ساتھ شاعر مشرق علامہ اقبال، شہید بھگت سنگھ، مولانا عبدالمجید سالک اور علامہ تاجور نجیب آبادی جیسی تاریخ ساز ہستیوں کی قربت، شفقت اور تربیت حاصل ہوئی۔ خوشتر ان عظیم شخصیات سے حاصل ہونے والئے فیضان کا ذکر اس طرح کرتے ہیں:

"علامہ تاجور شفیق استاد کی تربیت نے خیالات کو ندرت اور قلم کو قوت عطا کی۔ آنکھ نے جو کچھ دیکھا اسے شیشہ دل میں اتارا، حق گوئی و بے باکی کو شعار بنایا، جو کچھ محسوس کرتا ہوں، بلا تامل اس کا اظہار کرتا ہوں، حق و صداقت کی تائید و حمایت میں بڑی سے بڑی ٹکر لینے سے بھی گریز نہیں کرتا۔ غریبوں، کمزوروں اور ناداروں سے نا انصافی اور حکمرانوں کو وعدہ فراموشیوں پر خاموشی میری عادت و فطرت کے خلاف اور ضبط و برداشت سے باہر ہے، حکومت کے رعب و ادب اور وزارت کی کرسیوں پر متمکن لوگوں سے کبھی مرعوب نہیں ہوا اور بڑی سے بڑی طاقت کے آگے نہیں جھکا"۔

رام رکھامل کو شاعری کا شوق تو اس وقت کے عام ذہین بچوں کی طرح بچپن سے ہی تھا اور وہ خوشتر گرامی بن چکے تھے۔ انہوں نے پندرہ سال کی عمر میں اپنی والدہ کے انتقال پر ایک دردناک مرثیہ لکھا تھا، اس کے بعد جب وہ ملکی حالات اور تحریک آزادی سے متاثر ہوئے تو بہت سی قومی نظمیں لکھیں جو اخبارات اور رسائل میں شائع ہوئیں۔ اسی دوران جب وہ اخبارات میں کام کر رہے تھے، انہوں نے بچوں کیلئے چھوٹی چھوٹی کتابیں لکھیں، جو پنجاب، یوپی، دہلی، سی پی اور صوبہ سرحد کے علاوہ دوسری ریاستوں میں بھی مدت تک بطور نصاب رائج رہیں۔ نامور شاعر اور ماہر تعلیم پروفیسر منوہر سہائے انور

لکھتے ہیں:

"آج کل کے جواں سال ادیبوں میں سے اکثر نے اس کی کتابیں اپنی ابتدائی تعلیم کے زمانے میں پڑھی تھیں، وہ بچوں کیلئے اردو کی کتابیں لکھنے سے پہلے صحافت کے میدان میں اتر کر کئی روزنامہ اخبارات کے ایڈیٹوریل اسٹاف میں شامل رہ چکا تھا، خوشتر گرامی نے ۱۹۳۷ء میں ماہنامہ 'بیسویں صدی' لاہور سے جاری کے اردو کے افسانوی ادب میں ایک بالکل نئے دور کا آغاز کر دیا۔ ابھی بیسویں صدی کا پہلا شمار شائع نہیں ہوا تھا کہ حکومت نے ضمانت طلب کرلی۔ یہ اخبار یا ماہنامے کی اشاعت سے پہلے ہی ضمانت طلبی کی شاید پہلی مثال تھی"۔

دراصل خوشتر گرامی ایک حریت پسند صحافی کے طور پر پہلے ہی مشہور ہو چکے تھے۔ برطانوی حکومت کی سی آئی ڈی ان پر نظر رکھتی تھی، بہر حال رسالہ شائع ہونا شروع ہوا۔ 'بیسویں صدی' میں افسانوں اور شاعری کے ساتھ ساتھ شروع کے چند صفحات سیاسی تبصروں، کارٹونوں اور ان کی طنزیہ تحریر یعنی 'تیر و نشتر' کیلئے مختص رہے جن کے ذریعہ انہوں نے ہمیشہ حکمرانوں کے جبر و استحصال، ناانصافی، فرقہ پرستی اور سرمایہ داروں کی لوٹ کھسوٹ کے خلاف آواز بلند کی۔ تقسیم وطن سے پہلے دس برسوں میں "بیسویں صدی" لاہور خاصی مقبولیت حاصل کر چکا تھا۔ خوشتر گرامی ایک کامیاب اور خوشحال صحافی بن چکے تھے لیکن تقسیم کی قیامت نے سب کچھ ختم کر دیا۔ "بیسویں صدی" کا دفتر، گھر بار سب جل کر خاک ہو گیا۔ خالی ہاتھ اپنی بیوی بچوں کے ساتھ دہلی آئے۔ یہ وہ وقت تھا جب آزاد ہندوستان کی سیاست اردو کو بھی دیس نکال دینے کے در پے تھی، لیکن پنجاب کے شرنارتھیوں نے اردو کا دامن نہیں چھوڑا، پاکستان سے جانے کتنے ادیب، شاعر صحافی آگئے۔ پرتاپ، ملاپ، بندے ماترم، شیر پنجاب، مستانہ جوگی،

رہنمائے تعلیم، اور بیسویں صدی، جیسے احبار اور رسالے دلی سے چھپنے لگے۔ اردو کے اندھیرے گھر میں پھر سے چاندنی چھانے لگی۔

'بیسویں صدی' دہلی سے شائع ہونا شروع ہوا تو جیسے وہ ہندوستان، پاکستان کے تمام ادیبوں، شاعروں کا ترجمان بن گیا۔ خوشتر گرامی کا کمال یہ بھی ہے کہ ان کے جریدے میں ہر مکتب فکر کے قلم کار کو جگہ ملتی تھی لیکن 'بیسویں صدی' کسی نظریہ یا تحریک سے متاثر نہیں ہوا۔ اردو کے صحت مند ادب کا فروغ خوشتر گرامی کا نصب العین رہا۔ 'بیسویں صدی' کی مقبولیت کا عالم یہ تھا کہ اس کے قدر دان ساری دنیا میں موجود تھے۔ ملک بھر میں قارئین بے تابی سے نئے شمارے کا انتظار کرتے تھے۔ بیسویں صدی، گھر گھر میں پہنچتا تھا۔

'بیسویں صدی' کو اردو صحافت کا خوبصورت ترین معیاری جریدہ بنانے کیلئے خوشتر گرامی نے سالہا سال تک دن رات محنت کی۔ مواد کا انتخاب، مشمولات کی صحت و درستگی، کتابت، تزئین اور طباعت کے ہر محلہ پر گہری نظر رکھنے کے ساتھ ساتھ ساری دنیا کے ادیبوں ، شاعروں سے حط و کتابت، ملاقاتیں، مہمان نوازیاں یہ سب کچھ ان کے معمولات زندگی میں شامل تھا۔ ان کی محنت اور صلاحیت نے انہیں بے پناہ کامیابی عطا کی۔ قدرت نے انہیں ہر اسی خوشی سے نواز جس کے لوگ خواب دیکھتے ہیں، لیکن وقت بدل چکا تھا، ہندوستان کی نئی نسلیں اردو سے دور ہو رہی تھیں۔ ان کے بیٹوں نے اعلیٰ تعلیم پا کر باپ کی ذمہ داریاں سنبھالنے کے بجائے بیرون ملک کی شاندار ملازمتیں کرنا پسند کیا۔

خوشتر صاحب نے بہت کوشش کی کہ ان کے صاحبزادے کشن کمار پبلشنگ کا کام سنبھال لیں، اس مقصد کیلئے 'نئی صدی' کے نام سے ہندی بھاشا کا ایک رسالہ بھی شروع کرایا، لیکن بات نہیں بنی۔ ۱۹۷۵ء کا سال آتے آتے ضعیفی اور بیماری نے گھیر لیا۔ جسم

ساتھ چھوڑ رہا تھا لیکن 'بیسویں صدی' کی پرورش تو خون جگر سے کی تھی، رسالہ ان کی اولاد کی طرح تھا، وہ کسی قیمت پر اسے بند نہیں ہونے دینا چاہتے تھے۔

زیادہ تر لوگوں کا خیال ہے کہ انہوں نے رحمان نیر مرحوم کے ہاتھوں معقول قیمت پر فروخت کر دیا تھا۔ یہ قطعی غلط ہے۔ دراصل خوشتر صاحب کو 'بیسویں صدی' بیچنا نہیں، زندہ رکھنا تھا۔ انہوں نے صرف اتنی رقم قبول کی جتنی ایک پرنٹنگ پریس کو واجب الادا تھی جو اندازاً دو سوا دو لاکھ سے زیادہ نہیں تھی۔ وہ صرف کرسی کی پشت پر لٹکا ہوا اپنا کوٹ پہن کر دریا گنج مین روڈ پر واقع اپنے دفتر سے اُتر کر چلے گئے۔ انہیں رحمان نیر جیسا باذوق، محنتی اور پرجوش جانشین مل گیا تھا۔ اگر وہ سچ مچ 'بیسویں صدی' کو فروخت کرتے ہوتے تو دفتر کا ساز و سامان اور کتابوں کا ذخیرہ ہی لاکھوں کا تھا، دفتر کی جگہ کی قیمت اُس وقت پندرہ بیس لاکھ سے کم نہیں تھی۔

جی نہیں! انہوں نے 'بیسویں صدی' فروخت نہیں کیا، اسے زندہ رکھنے کیلئے صحیح ہاتھوں میں دیا تھا۔ دنیا نے دیکھا کہ خوشتر گرامی صاحب کا اندازہ درست تھا۔ رحمان نیر نے خوشتر گرامی صاحب کے بعد جس شان کے ساتھ 'بیسویں صدی' کی اشاعت کی اس میں خوشتر گرامی صاحب کا عکس واضح تھا۔ ادیبوں کی وہ برادری جو خوشتر گرامی سے وابستہ رہی تھی اسے رحمان نیر صاحب نے بھی وضع داری اور محبت سے جوڑے رکھا۔ خوشتر گرامی جب تک زندہ رہے ضعیفی اور علالت کے باوجود "تیر و نشتر" لکھتے رہے۔ اپنے پرانے پسندیدہ کارٹونسٹ بلرام سے کارٹون بنواتے رہے۔ سالہا سال تک وہ رسالہ 'بیسویں صدی' کے مؤسس کے طور پر اپنی اس معنوی اولاد سے وابستہ رہے۔

خوشتر گرامی صاحب کے بارے میں یہ عام خیال تھا کہ ان کا کالم 'تیر و نشتر' فکر تونسوی، ظفر پیامی یا کوئی اور صاحب لکھتے تھے۔ یہ بات بھی غلط ہے۔ خوشتر گرامی صاحب

فکر و نظر کے حامل قلمکار تھے، انہوں نے ۱۹۷۴ء میں اپنے پچیس برسوں میں لکھے گئے 'تیر و نشتر' کا انتخاب کتابی صورت میں شائع کیا تھا جس میں ملک کی متعدد بڑی شخصیات کے بارے میں وہ دلچسپ تحریریں بھی شامل ہیں جو وہ 'قلمی چہرے' کے عنوان سے کارٹونوں کے ساتھ لکھا کرتے تھے۔ اس کتاب میں انہوں نے بڑی سنجیدگی اور عقیدت سے مہاتما گاندھی، پنڈت جواہر لعل نہرو، ڈاکٹر راجندر پرساد، سی راج گوپال آچاریہ، مولانا ابوالکلام آزاد، سبھاش چندر بوس، لالہ لاجپت رائے، سیف الدین کچلو، بھگت سنگھ، مولانا محمد علی جوہر، حکیم اجمل خاں، علامہ اقبال، رابندر ناتھ ٹیگور، اندرا گاندھی اور لال بہادر شاستری کو خراج عقیدت پیش کیا ہے۔ کتاب میں کرشن چندر اور پروفیسر منوہر سہائے انور کے تقریظی مضامین میں خوشتر گرامی کی ادبی اور صحافتی عظمت کا ذکر کیا گیا ہے۔ خوشتر صاحب کی سب سے اہم تعریف آنجہانی جسٹس آنند نرائن ملا کا خط ہے جو ان کی ہی تحریر میں کتاب کی پشت پر شائع کیا گیا ہے، جس میں ملا نے لکھا ہے:

"اردو میں بلند پایہ طنز نگاروں کی کمی نہیں، خوشتر گرامی اس بلند سلسلہ کوہ کی ایک نمایاں اور فلک بوس چوٹی ہیں۔ ان کا طنز محض طنز نہیں بلکہ طنز و مزاح کی آمیزش ہے۔ ایک ایسا منفرد انداز بیاں ہے جس میں کوئی دوسرا ان کا شریک نہیں۔ خوشتر گرامی کے طنز کی ایک نمایاں خصوصیت یہ ہے کہ وہ دریا کو کوزے میں بند کرنے کا گر جانتے ہیں، انہیں طنز پارے کا موجد کہنا غلط نہ ہوگا، خوشتر گرامی زندگی میں ہی روایت بن چکے ہیں، وہ دنیائے ادب کی ایک مخصوص تہذیب بھی ہیں اور ایک شمع راہ بھی، وہ آج کے تعصب زدہ ماحول میں بھی عصمت ادب کے محافظ بنے ہوئے ہیں۔ 'بیسویں صدی'، ان کی اولاد بھی ہے اور ان کی تصویر بھی اور ان کی نہ مٹنے والی یادگار بھی۔" (آنند نرائن ملا، ممبر راجیہ سبھا)۔

راقم الحروف نے اردو زبان کے، اردو ادب کے بہت سے پنجابی عظما کو قریب

سے دیکھا ہے۔ اس میں شک نہیں کہ ایک دو کو چھوڑ کر سبھی کشادہ ذہن اور وسیع النظر ملے، لیکن خوشترؔ صاحب کی طرح ہندو مسلم اتحاد کا زبردست حامی اور فرقہ پرستی سے شدید نفرت کرنے والا دوسرا نہیں دیکھا، انہوں نے جن سنگھ، ہندو مہاسبھا اور آر ایس ایس کو زندگی بھر سخت تنقید کا نشانہ بنائے رکھا۔ زندگی کے آخری کئی سال خوشترؔ گرامی نے دہرہ دون میں گزارے۔ وہاں رہ کر بھی وہ 'بیسویں صدی' کیلئے کچھ نہ کچھ کرتے رہتے تھے۔ ۲۸ رجون ۱۹۷۷ء کو انہوں نے رحمان نیر کے نام اپنے خط میں ایمرجنسی کے دوران دہلی کے ترکمان گیٹ میں مسلمانوں کے ساتھ سنجے گاندھی کے وحشیانہ مظالم کے خلاف اپنے خیالات کا علمی اظہااس طرح کیا ہے:

"تیر ونشتر، کارٹون اور 'قلمی چہرہ' بعنوان ترکمان گیٹ ارسال خدمت ہے، ترکمان گیٹ کے موضوع پر آپ نے بہت کچھ پڑھا ہو گا، اسے بھی دیکھئے، یہ ان سب سے جدا بھی ہے اور سنگین بھی۔" (ضیاء الرحمن نیر: حیات و خدمات، مرتبہ ڈاکٹر شمیع افروز زیدی، ص ۲۹۷)۔

۱۵ جنوری ۱۹۸۸ء کو دہلی میں خوشترؔ گرامی کا انتقال ہو گیا لیکن یہ حقیقت ہے کہ اردو ادب و صحافت کتنی ہی بلند پر پہنچ جائیں خوشترؔ گرامی جیسا عاشق اردو دوبارہ پیدا نہیں ہو سکتا۔

***

Khushtar Girami – a legendary journalist of 20th century.

By: Farooq Argali

(۸) جدید اردو صحافت، بیسویں صدی اور رحمٰن نیر
ڈاکٹر اسلم جمشید پوری

اردو صحافت اپنے آغاز و ارتقاء کے تقریباً ۱۹۰ سال کا طویل عرصہ گزار چکی ہے۔ اس تقریباً دو سو سال کے سفر میں اردو صحافت نے متعدد نشیب و فراز دیکھے ہیں۔ جنگ آزادی میں اردو صحافت نے اپنا سب کچھ نثار کیا ہے۔ خواہ پیام دہلی ہو، زمیندار اور ہمدرد ہوں، الہلال یا البلاغ ہوں، مدینہ ہو یا حریت۔ اردو اخبارات نے آزادی کی دلہن کے حصول کے لیے ہر وقت عوام کو بیدار کرنے کا کام کیا ہے۔ اردو صحافت پر یہ الزام بھی لگایا جاتا رہا ہے کہ اس کے قاری کم ہیں اور اس کا اثر عوام پر نہیں ہے۔ لیکن اردو صحافت نے اپنے اوپر لگنے والے اس الزام کی ہمیشہ تردید کی ہے۔ آج اردو صحافت نے بٹلہ ہاؤس، ممبئی دھماکہ، مالیگاؤں بم کانڈ، گجرات فساد اور راجستھان فساد وغیرہ کی شاندار رپورٹنگ سے ایک بار پھر ثابت کر دیا ہے کہ اردو صحافت ہمیشہ عوام کی نبض ٹٹولتی رہی ہے۔ گذشتہ تقریباً ۲۰ برسوں میں اردو صحافت میں زبردست انقلابات آئے ہیں۔ پرنٹ سے لے کر الیکٹرانک میڈیا تک اردو نے بڑی کامیابی کے ساتھ اپنے قدم جمائے ہیں۔ یہی سبب ہے کہ بڑی بڑی کاروباری کمپنیاں اور دیگر زبانوں کے اخبارات اردو کی طرف رخ کر رہے ہیں، نت نئے رسائل اردو کی زینت میں اضافہ کر رہے ہیں۔ رسائل کی اس بھیڑ میں بیسویں صدی کا اپنا الگ مقام رہا ہے۔

آج بیسویں صدی ۸۳ سال میں داخل ہو چکا ہے۔ ابتدا خوشتر گرامی نے کی اور بڑی

مضبوط و مستحکم بنیاد فراہم کی۔ ایک زمانہ تھا جب بیسویں صدی اردو کا سب سے مقبول رسالہ تھا۔ ہر بڑا اور اہم مصنف بیسویں صدی میں شائع ہونا فخر کی بات سمجھتا تھا۔

خوشتر گرامی کے بعد جب رحمٰن نیّر نے بیسویں صدی کو سنبھالا تو ادبی حلقوں میں رسالے کے مستقبل کو لے کر مایوسی کے سائے لہرانے لگے تھے۔ لوگوں کو امید تھی کہ اب یہ نیم ادبی اور سنسنی خیزی پیش کرنے والا رسالہ بن کر رہ جائے گا۔ لیکن تاریخ شاہد ہے ایسا کچھ بھی نہیں ہوا۔ تغیرات کی ہوا تو چلی اور اس نے بیسویں صدی کی کایا ہی پلٹ کر رکھ دی۔ نہ صرف گیٹ اپ بدلا، بلکہ رحمٰن نیّر کی مدیرانہ صلاحیتوں نے بیسویں صدی کو نئے رنگ و روپ میں پیش کر کے لوگوں کو حیران کر دیا۔ بیسویں صدی کے قارئین کا گراف ایک بار پھر اوپر اٹھتا ہی چلا گیا۔ جامعہ میں دوران طالب علمی، میری رحمٰن نیّر سے ملاقات ہوئی۔ میری رحمٰن نیّر کے ساتھ کام کرنے کی خواہش اس وقت پوری ہوئی جب رحمٰن نیّر نے مجھے خبر نامہ کی ترتیب اور ادبی واقعات پر مضمون لکھنے کے طور پر مامور کیا۔ دو سال کے دوران مجھے رحمٰن نیّر کی مدیرانہ صلاحیتوں کا علم ہوا۔ انہوں نے بیسویں صدی کو ایک مقبول ماہنامہ بنانے میں کوئی کسر نہیں چھوڑی۔ وہ چاہتے تو بیسویں صدی کو فلمی پرچہ بنا کر اچھا خاصا کاروبار کر سکتے تھے۔ سر ورق پر تصویر کی پالیسی کو بھی انہوں نے غیر مہذب نہ ہونے دیا۔ ساتھ ہی ساتھ رسالے کے مشمولات پر خصوصی توجہ صرف کی۔

بیسویں صدی میں افسانے اور غزلیں تو ایک خاص معیار کی ہوتی ہی تھیں، ادباء و شعراء بیسویں صدی میں شائع ہونا باعث افتخار سمجھتے تھے۔ رحمٰن نیّر نے ادبی تخلیقات کے علاوہ بیسویں صدی کو سیاسی اور ادبی منظر نامے میں بھی وقار عطا کیا۔ انہوں نے بیسویں صدی میں قسط وار ناول، سفر نامے، خود نوشت سوانح وغیرہ بھی شائع کیے جس سے قارئین کی ایک مخصوص تعداد قسطوں کی ہر ماہ منتظر رہا کرتی۔ یہی نہیں رحمٰن نیّر نے

اپنی صحافی صلاحیتوں کو بروئے کار لاتے ہوئے بیسویں صدی میں کئی اہم اور دلچسپ کالم شروع کیے۔

تیر و نشتر:

تیر و نشتر، خوشتر گرامی کے زمانے سے ہی بیسویں صدی کی الگ شناخت بن چکا تھا۔ اس کالم کے تحت تازہ ترین سیاسی، سماجی اور معاشی معاملات پر کسی خبر یا کسی کے قول کے ساتھ اسی انداز میں طنز و مزاح میں دو یا تین سطروں میں جواب تحریر کیا جاتا تھا۔ قارئین بیسویں صدی کا بڑا طبقہ سب سے پہلے اسی کالم کو پڑھنا چاہتا تھا۔ خوشتر گرامی کے بعد رحمٰن نیّر نے اسے مزید بہتر بنا کر پیش کیا۔ دو تین تیر و نشتر ملاحظہ فرمائیں:

** مہاراشٹر ہندوستان کا یتیم خانہ نہیں ہے۔۔۔۔۔بال ٹھاکرے

** یتیم خانہ تو نہیں ہے لیکن اب اس پر پاگل خانہ ہونے کا گمان ہونے لگا ہے۔

(بیسویں صدی جولائی ۱۹۹۵)

** تامل ناڈو میں امیدواروں پر حملہ۔ ایک ورکر کا کان کتر لیا گیا۔ ایک خبر

** شکر کرو ناک کٹنے سے بچ گئی۔ (بیسویں صدی فروری ۱۹۸۵)

** ملک میں کروڑوں نوجوان بے روز گار ہیں۔۔۔۔۔ ایک خبر

** اس لیے فرقہ پرست جماعتیں ان کی آمدنی کا بندوبست کر رہی ہیں (بیسویں صدی ستمبر ۲۰۰۰)

تیر و نشتر کے طنز و مزاح کا لطف، جواب کی برجستگی اور شگفتگی نے اس کالم کو ہندوستان کے قارئین کے درمیان بہت مقبول بنا دیا تھا۔ یہ کالم اپنے عہد کا واحد کالم تھا دوسرے رسائل میں اس طرح کے کالم کا فقدان تھا۔

قلمی چہرہ:

تیر و نشتر کی طرح قلمی چہرہ بھی بیسویں صدی کی مضبوط و مستحکم شناخت تھا۔ یہ کالم رحمٰن نیّر کی ذہنی اپج تھا۔ اسے معروف ادیب و شاعر ظفر احمد نظامی مرحوم لکھا کرتے تھے۔ انہیں لفظوں میں پیکر تراشی کا ہنر آتا تھا۔ اس کالم کے تحت مشہور و معروف ادیب، شاعر فن کار سیاست داں وغیرہ کے اوصاف ظاہری اور باطنی کے عین مطابق لفظوں اور جملوں میں اس کی تصویر کشی کی جاتی تھی۔ قارئین اس کالم کے مطالعے کے لیے بڑے بے تاب رہتے تھے۔ جن کے قلمی خاکے، اس کی زینت بنتے تھے وہ خود کو بڑا خوش نصیب سمجھتے تھے۔ اس کالم کے تحت صاحب خاکہ کی ایک تصویر کا اسکیچ بھی شائع ہوتا تھا۔ تصویر اور شخصیت کا پر تو تحریر میں کچھ اس انداز میں جھلکتا تھا کہ قارئین خوب لطف اندوز ہوتے تھے۔ اندر کمار گجرال کا قلمی چہرہ ملاحظہ ہو:

"کتابی چہرا، شیشے سی آنکھوں پر شیشوں کا پہرا، تا بحد نظر پیشانی، علامت عظمت و علم دانی، نمایاں ناک، زباں کی دور دور تک دھاک، طویل قامت و قد، دلکش خال و خد، لینن نما داڑھی شخصیت فیرینی کی طرح گاڑھی، یہ ہیں متحدہ پنجاب کے ممتاز فرد پچھتر سالہ جواں مرد، وزیر برائے خارجی امور، دانش وری کے مینارہ نور، صاحب بلند اقبال بینی اندر کمار گجرال۔"

(بیسویں صدی: دسمبر ۱۹۹۴)

اس کالم کی ایک خوبی، نثر میں شاعری کا لطف تھی، ظفر احمد نظامی نثر میں بھی قافیہ پیمائی کیا کرتے تھے جو اس کالم کی جان ہوا کرتی تھی۔

خبر نامہ:

خبر نامہ ادبی رسائل کے لیے بالکل نیا آئٹم تھا۔ یہ کالم رحمٰن نیّر کی صحافتی صلاحیتوں

کا مظہر تھا انہوں نے قارئین کو ادبی، سماجی اور نیم سیاسی جلسوں محفلوں اور معاملات کی جانکاری فراہم کرنے کے لئے اسے شروع کیا تھا۔ اپنی متعدد اور مختلف خبروں کے لیے یہ کالم بیسویں صدی کی دلکشی میں چار چاند لگایا کرتا تھا۔ اس کالم میں کتابوں کے اجراء ادباء و شعراء کو انعامات ملنے، وفات، شام افسانہ محفل مشاعرہ مذاکرہ، سیمینار وغیرہ کی خبریں شائع ہوا کرتی تھیں۔

سرگوشیاں:

یہ کالم بھی اپنی نوعیت کا ایک منفرد کالم تھا۔ اس کالم کے تحت قارئین کے اہم اور غیر اہم سوالوں کا جواب شگفتگی اور شائستگی سے دیا جاتا تھا۔ سوال کے عین مطابق اور ضرورت کے تحت دیے جانے والے جواب جہاں چونکانے والے ہوتے تھے وہیں دلچسپ بھی ہوا کرتے تھے یہ کالم بھی بیسویں صدی کی پہچان تھا۔ دو چار سرگوشیاں ملاحظہ کریں:

س: ماں اور محبوب کے پیار میں کیا فرق ہے؟

ج: زمین آسمان کا۔۔۔ماں کے پیار کی نظیر نہیں ملتی، وہ انمول ہوتی ہے۔

س: موت کیا ہے؟

ج: ہم زندگی کے نقیب ہیں، ہم سے پوچھئے زندگی کیا ہے؟

س: دانش مندی کیا ہے؟

ج: حماقت سے دامن بچانا (بیسویں صدی ستمبر ۲۰۰۰)

صحت و زندگی:

اردو رسائل میں صحت کے تعلق سے مواد کا ملنا، بڑی حیرانی کی بات ہے۔ بیسویں صدی نے اپنے قارئین کی ذہنی صحت کے ساتھ ساتھ جسمانی صحت کا بھی ہمیشہ خیال رکھا

ہے۔ اس کالم کے تحت انسان کو صحت مند رہنے کے نسخے ، سبزیوں اور پھلوں کے اوصاف اور بیماریوں میں ان کا اور جڑی بوٹیوں کا استعمال بتایا جاتا تھا۔

تصویر اور شعر:

اس کالم کے تحت بیسویں صدی کے ان سائڈ ٹائٹل فرسٹ پر خاتون کی تصویر اور تصویر کی مناسبت سے کسی شاعر کا شعر شائع ہوتا تھا۔ جنوری ۱۹۹۷ کے شمارے میں ایک دوشیزہ کی مسکراتی ہوئی ایسی تصویر شائع کی تھی جو ایک ہاتھ سے ساڑی کے پلو سے پردہ کر رہی ہے۔ اس تصویر پر احسان دانش کا شعر کچھ اس طرح تھا:

ہر ایک شئے میں تم مسکراتے ہو گویا
ہزاروں حجابوں میں یہ بے حجابی

ان کالموں کے علاوہ رحمٰن نیرّ نے بیسویں صدی کو ہم عصری مسائل اور تقاضوں سے ہم آہنگ کرنے کی کوشش کی۔ اسی لیے ابتدا میں گاہے بگاہے اور بعد میں ہر شمارے میں کسی نہ کسی بڑے سیاسی واقعے یا ادبی اہم معاملے پر ایک دو مضامین، بیسویں صدی میں شائع ہوتے رہے ہیں۔ ہر شمارے میں ایک طنزیہ ومزاحیہ مضمون بھی شامل اشاعت ہوا کرتا تھا۔ خودنوشتوں اور ناولوں کو قسط وار شائع کر کے بیسویں صدی نے ان کی مقبولیت میں بہت زیادہ اضافہ کیا ہے۔

رحمٰن نیرّ نے اپنی صحافتی صلاحیتوں کو بروئے کار لاتے ہوئے بیسویں صدی کو ایک ایسا رسالہ بنا دیا تھا جو سماج کے ہر طبقے کے لیے دلچسپی کا سامان اور ضرورت بن گیا تھا۔ انہوں نے بیسویں

صدی کے ساتھ ساتھ روبی کو بھی معیار اور وقار عطا کیا تھا۔ یہ رسالے اردو ادب کی صحافت یعنی ادبی صحافت میں جدید عہد کے غماز ہیں۔ ان رسائل کے ذریعہ اردو میں اس

طرح کے رسائل کی روایت مضبوط و مستحکم ہوتی ہے۔ آج اردو کے رسائل جدید صحافت کے دوش پر سوار ایسے دور سے گزر رہے ہیں جہاں ہم انہیں کسی بھی زبان کے اچھے رسائل کے سامنے رکھ سکتے ہیں اور اردو کے ادبی اور نیم ادبی رسائل کو اس مقام پر لانے کے اسباب اور اشخاص میں سے ایک اہم نام رحمٰن نیّر کا بھی ہے۔

٭٭٭

Modern Urdu journalism, Biswin Sadi and Rahman Nayyar.

By: Dr. Aslam Jamshedpuri

(۹) جی ڈی چندن کا انتقال: اردو صحافت کا ایک بڑا خسارہ

سہیل انجم

جو بادہ کش تھے پرانے وہ اٹھتے جاتے ہیں

چندن صاحب بھی چلے گئے۔ اردو صحافت کا ایک اور ستون گر گیا۔ ایک عہد کا خاتمہ ہو گیا۔ ایک باب بند ہو گیا۔ وہ شخص جو اردو صحافت کی تاریخ پر گہری نظر رکھتا تھا اب خود ایک تاریخ بن گیا۔ دنیا سے ان کے چلے جانے سے بلاشبہ اردو صحافت میں ایک بہت بڑا خلا پیدا ہوا ہے جس کا پُر ہونا آسان نہیں۔

وہ ٦ اپریل کو مہاراشٹر کے احمد نگر میں طویل علالت کے بعد تقریباً ۹۳ سال کی عمر میں انتقال کر گئے۔ ان کا پورا نام گوربچن داس چندن تھا اور جی ڈی چندن کے نام سے مشہور تھے۔ ان کے دوست احباب اور بے تکلف ملاقاتی ان کو چندن صاحب کہا کرتے تھے۔ جس طرح چندن کی لکڑی بہت قیمتی ہوتی ہے اسی طرح چندن صاحب کی ذات بھی اردو صحافت کے تعلق سے بہت اہم تھی۔ انھوں نے اگرچہ کسی بڑے اخبار کے دفتر میں زیادہ کام نہیں کیا تھا تاہم اردو صحافت کی تاریخ کا جتنا علم ان کو تھا ہندوستان اور پاکستان میں شائد ہی کسی اور کو ہو۔ ان کی تصنیفات بے حد مقبول ہیں جنھیں حوالوں کے طور پر استعمال کیا جاتا ہے۔

وہ ۸ اکتوبر ۱۹۲۲ کو لاہور کے باغباں پورا گاؤں میں پیدا ہوئے تھے۔ انھوں نے تقسیم سے قبل لاہور کے انگریزی روزنامہ سول اینڈ ملٹری گزٹ میں سب ایڈیٹر کی

حیثیت سے اور روزنامہ ساگر لاہور میں ایڈیٹر کی حیثیت سے خدمات انجام دی تھیں۔ انھوں نے اپنے آبائی وطن باغباں پورہ سے منسوب کرتے ہوئے "باغباں پورہ کی آواز" نامی ایک ہفت روزہ اخبار بھی جاری کیا تھا جو جلد ہی بند ہو گیا۔ ان اخباروں سے ان کی وابستگی زیادہ عرصے تک نہیں رہی۔ ۱۹۴۷ میں وہ ہجرت کر کے ہندوستان آ گئے۔ اس وقت دہلی سے ایک ہفت روزہ اخبار "نیشنل کانگریس" نکلتا تھا۔ انھوں نے اس کی ادارت کی ذمہ داری سنبھال لی۔ لیکن کسی اچھی ملازمت کی تلاش جاری رکھی، جو بالآخر پوری ہوئی۔ انھیں ۱۹۴۸ میں حکومت ہند کے ایک باوقار ادارے پریس انفارمیشن بیورو (پی آئی بی) میں ملازمت مل گئی جہاں وہ اردو آفیسر کی حیثیت سے خدمات انجام دیتے رہے۔ وہ اگست ۱۹۸۰ میں پی آئی بی کے شعبہ اردو کے چیف کی حیثیت سے سبکدوش ہوئے۔ اس کے بعد ایک عرصے تک حیدرآباد کے معروف اخبار "منصف" کے دہلی میں نمائندے رہے۔

چونکہ وہ پی آئی بی میں اردو آفیسر تھے لہٰذا پورے ملک کے اردو اخباروں اور صحافیوں سے ان کا رابطہ تھا۔ دہلی و بیرون دہلی کے بہت سے ایڈیٹر اپنے کام اور اپنی ضرورتوں کے تحت ان کے دفتر میں ان سے ملتے تھے۔ جس کی وجہ سے ہندوستان بھر سے نکلنے والے اردو اخباروں کے بارے میں ان کی معلومات وسیع ہوتی گئیں۔ جو آگے چل کر ان کے بہت کام آئیں۔ پی آئی بی سے وابستہ ہونے کی وجہ سے آر این آئی کی سالانہ رپورٹوں تک رسائی ان کے لیے بہت آسان تھی۔ وہ ہر سال کی رپورٹ کا مطالعہ کرتے اور اس کی روشنی میں رپورٹ اور مضامین تیار کرتے جو سند کا درجہ رکھتے۔ ان کی یادداشت بہت تیز تھی۔ ایک بار جو چیز پڑھ لیتے وہ ہمیشہ کے لیے ان کے ذہن میں بیٹھ جاتی۔ اردو صحافت کی ابتدا اور اس کے ارتقا پر وہ ایک اتھارٹی سمجھے جاتے تھے۔ اگر یہ کہا

جائے تو غلط نہیں ہوگا کہ وہ ایک ایسے صحافی تھے جو صحافت کی تاریخ کی چلتی پھرتی لائبریری تھے۔ ان کی رائے کو قدر کی نگاہ سے دیکھا جاتا تھا۔

دہلی اردو اخبار کے مالک و ایڈیٹر مولوی محمد باقر کی شہادت کے بارے میں انھوں نے جو کچھ لکھا اسے پوری صحافتی دنیا نے قبول کیا۔ ان کی کتاب "جام جہاں نما" کو بہت مقبولیت حاصل ہوئی۔ وہ ایک معرکتہ الآرا کتاب ہے۔ آٹھ ابواب پر مشتمل اس کتاب کے عنوانات ہیں: اردو کا سب سے پہلا اخبار، پس منظر، ہری ہر دت اور سدا سکھ لعل، جام جہاں نما پر چیف سکریٹری ڈبلیو بی بیلی کا تبصرہ، خبروں کے نمونے، حکومت سے تعلقات، اخبار کا نیا دور اور اردو صحافت کا نقش اول۔ ۲۴۸ صفحات پر مشتمل اس کتاب میں جہاں اردو کے پہلے اخبار کا بھرپور تعارف پیش کیا گیا ہے، وہیں اس سے قبل کی صحافت کی مختلف شکلوں کا جائزہ بھی لیا گیا ہے۔

ان کی کتاب "اردو صحافت کا سفر" بھی بہت معلوماتی ہے۔ ۳۸۸ صفحات پر مشتمل اس کتاب میں جام جہاں نما، الہلال، مولوی محمد باقر، تحریک آزادی میں اردو صحافت کا حصہ سمیت کئی مضامین شامل ہیں۔ برطانیہ میں پاکستان کی اردو صحافت پر بھی ایک بے حد عمدہ مضمون ہے جو برصغیر ہندوپاک سے باہر اردو صحافت کا جائزہ پیش کرتا ہے۔

ان کی دوسری کتابوں میں اردو صحافت پر ایک نظر، اردو صحافت کی ابتدا اور 'جمنا داس اختر: شخصیت اور ادبی و صحافتی خدمات' قابل ذکر ہیں۔ آخر الذکر کتاب مکتبہ جامعہ نئی دہلی کے رسالہ "کتاب نما" کا خصوصی شمارہ ہے۔ صحافت کے موضوع پر ان کے مضامین اکثر و بیشتر اخباروں کی زینت بنتے رہے ہیں۔

وہ گنگا جمنی تہذیب کے ایک جیتے جاگتے نمائندہ اور سیکولر ذہن کے مالک تھے۔ اگرچہ وہ ہندوستان میں شرنارتھی کی حیثیت سے آئے تھے لیکن ان کے دل و دماغ

تعصب سے یکسر پاک تھے۔ اہم اور سرکردہ مسلم شخصیات اور مسلم صحافیوں سے ان کے بڑے گہرے مراسم تھے۔ جس طرح لوگ ان کی قدر کرتے اسی طرح وہ بھی دوسروں کی قدر کرتے۔ پہلے ان کا قیام دہلی کے حضرت نظام الدین کے پاس جنگپورہ ایکسٹنشن بھوگل میں تھا۔ بعد کو وہ اپنے بیٹے مسٹر لکھینا کے پاس، جو کہ ریٹائرڈ آئی اے ایس افسر ہیں، دہلی کے قریب گڑگاؤں میں رہنے لگے۔ لیکن ادھر دو سال سے وہ اپنی بیٹی کے پاس احمد نگر میں مقیم تھے۔ ان کی پیدائش لاہور کی تھی۔ کرم بھومی دہلی تھی۔ اور آخری وقت احمد نگر مہاراشٹر میں گزرا۔ لاہور کی مٹی مہاراشٹر میں مل گئی۔ بالکل اسی طرح جیسے کہ موہن چراغی کشمیر میں پیدا ہوئے، دہلی کو کرم بھومی بنایا اور آخری سانس کلکتہ میں اپنی بیٹی کے گھر میں لی۔

جی ڈی چندن اس خاکسار سے بہت انسیت رکھتے تھے۔ انھوں نے میڈیا پر میری کتاب "میڈیا روپ اور بہروپ" کے اجرا کے موقع پر ایک بہت عمدہ مضمون پڑھا تھا۔ اس کے بعد میری کتاب "احوال صحافت" پر بھی انھوں نے گراں قدر رائے کا اظہار کیا تھا۔ دیگر کتابوں کو بھی وہ بہ نظر استحسان دیکھتے تھے۔ جب وہ دہلی میں تھے تو ان کے گھر ان سے میری ملاقات ہوتی رہتی تھی۔ جب گڑگاؤں گئے تو ملاقات کا سلسلہ تقریباً ختم سا ہوگیا۔ البتہ ۲۱۰۲ میں عالمی یوم اردو کے موقع پر دعوت اخبار کے ایڈیٹر محمد مسلم صاحب پر تیار ہونے والے مجلہ کے تعلق سے گڑگاؤں میں ان سے ملاقات ہوئی تھی جو آخری ثابت ہوئی۔ ہمارے ایک صحافی دوست جاوید اختر (یو این آئی) بھی جو کہ اس مجلہ کو تیار کر رہے تھے، ساتھ تھے، بلکہ چندن صاحب نے انہی کو بتایا تھا کہ محمد مسلم صاحب کے تعلق سے ان کے پاس کچھ مواد ہے جس کی خاطر ہم لوگ ان کی خدمت میں حاضر ہوئے تھے۔ گھنٹوں کی ملاقات میں جہاں مسلم صاحب کے سلسلے میں انھوں نے بہت سی باتیں

بتائیں وہیں انھوں نے اردو صحافت کے ماضی، حال اور مستقبل پر بھی کھل کر گفتگو کی۔ ان سے بذریعہ فون اکثر و بیشتر باتیں ہوتی تھیں۔ اس ملاقات کے بعد بھی ان کے فون آتے رہے یا میں ان کو کر تا رہا۔ جب وہ احمد نگر چلے گئے تو ان کی فون کالس کی تعداد کم ہونے لگی۔ ادھر کم از کم ایک سال سے ان کی کوئی کال نہیں آئی تھی۔ چونکہ ان کا نمبر میرے پاس نہیں تھا اس لیے میں ان کو فون نہیں کر سکا جس کا مجھے افسوس ہے۔ جب ان کے انتقال کی خبر ملی تو د کھ تو ہوا لیکن حیرت نہیں ہوئی۔ کیونکہ وہ پہلے سے ہی مختلف عوارض کے شکار ہو گئے تھے۔ گڑ گاؤں میں قیام کے دوران پھسل کر گر جانے سے ان کو خاصی چوٹیں آئی تھیں جن کی وجہ سے وہ کئی پیچیدگیوں میں مبتلا ہو گئے تھے۔

ان کے انتقال سے ایک بات بہت شدت سے محسوس ہوئی کہ اردو کے اچھے غیر مسلم صحافیوں کی صف رفتہ رفتہ سکڑتی جا رہی ہے جو صحافتی دنیا کے لیے اچھی خبر نہیں ہے:

جو بادہ کش تھے پرانے وہ اٹھتے جاتے ہیں

کہیں سے آبِ بقائے دوام لا ساقی

***

G.D.Chandan's demise, a loss of Urdu journalism.

By: Suhail Anjum

(۱۰) احمد سعید ملیح آبادی: اردو صحافت کے پٹھان

منصور الدین فریدی

احمد سعید ملیح آبادی: کہتے ہیں کہ نام ہی کافی ہے۔ اردو صحافت کا وقار تھے احمد سعید ملیح آبادی۔ قلم کیا تھا، کسی کے لیے پیار کی تھپکی، کسی کے لیے چابک تو کسی کے لیے شمشیر۔ تحریر کا دارومدار اس کے موضوع اور صاحب موضوع پر ہوتا تھا، کس کو کن الفاظ میں مشورہ دینا ہے، کس انداز میں وارننگ دینا ہے اور کیسے اپنی بات کو کسی کے دل و دماغ میں اتارنا ہے، یہ احمد سعید ملیح آبادی سے بہتر کوئی نہیں جانتا تھا۔ یہی وجہ ہے کہ ان کے اداریئے اردو صحافت میں کسی بھی مسئلہ کو سمجھنے کا سب سے موزوں ذریعہ ہوتے تھے۔

میں جو بھی لکھ رہا ہوں اس کے بارے میں سب سے پہلے ایک بات واضح کر دینا چاہتا ہوں کہ صحافت کے پٹھان کا رتبہ ایسا ہے جو ان کی صحافت پر کم سے کم مجھے تو قلم اٹھانے کی اجازت نہیں دیتا۔ ان کی صحافت کو بچپن میں سنا، پھر پڑھا جبکہ ایک وقت آیا جب تقریباً پانچ سال تک 'آزاد ہند' میں انہیں آمنے سامنے دیکھا، سمجھا اور محسوس کیا۔ ایک صحافی کی حیثیت سے ان کی خدمات اور کارناموں پر کچھ لکھنا میرے لیے سورج کو چراغ دکھانے کے مترادف ہو گا۔ میں خود کو اس لائق بھی نہیں مانتا کہ ان کی صحافت کے کسی بھی پہلو پر روشنی ڈالوں یا کوئی رائے ظاہر کر سکوں۔ یہی وجہ ہے کہ صحافت کے بجائے صرف ان کی شخصیت پر قلم اٹھانے کی ہمت کی جا سکتی ہے۔ کیونکہ ان کی اس

شخصیت کے تعلق سے جسے تقریباً پانچ سال تک بہت قریب سے دیکھا بہت کچھ بیان کر سکتا ہوں اور یہ ایسا تجربہ رہا جو کسی اثاثہ کی مانند ہے۔ نہ صرف باتیں یا یادیں بلکہ کچھ سبق ،کچھ نصیحتیں اور کچھ اشارے ہیں جو آج بھی میرے ذہن میں تازہ ہیں۔

سعید صاحب کا انتقال پچھلے سال اکتوبر ۲۰۲۲ء میں ہوا، اس کے بعد ان کی صحافت اور شخصیت پر کئی مضامین نظر سے گزرے، یہی نہیں کو لکتہ میں ان کی یاد میں ایک سمینار بھی ہوا۔ وراثت میں ملی صحافت اور آزاد ہند پر الگ الگ ہستیوں کے تاثرات پڑھے۔ جس کے بعد میں نے قلم اٹھانے کا فیصلہ کیا۔ کیونکہ شاید ان کی یادوں اور باتوں کا اشتراک کرنا ہی سب سے بہتر خراج عقیدت ہو گا۔

بلاشبہ احمد سعید ملیح آبادی نے اردو صحافت میں اپنے زور قلم سے جو مقام حاصل کیا تھا اس کے بارے میں سوچنا بھی مشکل ہے۔ وہ ایسا دور تھا جب اخبار کے اداریئے کا درمیانی صفحہ کئی کئی دکانوں اور گھروں میں گھومتا پھرتا تھا۔ کیونکہ اردو صحافت میں جتنے لوگ اخبار خرید کر پڑھتے ہیں اس سے چار گنا مانگ کر پڑھنے کے 'عادی' رہے ہیں۔ اگر سعید صاحب سوشل میڈیا کے دور میں سرگرم صحافت کرتے تو شاید آج ان کی تحریروں کا ایک بڑا خزانہ سوشل میڈیا کی رگوں میں دوڑ رہا ہوتا۔ بہر حال سعید صاحب کو جنہوں نے پڑھا وہ بھی خوش نصیب اور جنہوں نے انہیں دیکھا وہ بھی۔ کیونکہ ایک جانب ان کی تحریریں کسی بھی موضوع پر آپ کی رہنمائی کرتی تھیں تو دوسری جانب ان کے ساتھ ملاقات یا رابطہ آپ کے لیے بہت کچھ سیکھنے کا موقع فراہم کرتا تھا، نہ صرف صحافت بلکہ اخلاقیات، ظرف اور سوچ کی بھی۔

اس معاملہ میں خود کو خوش قسمت سمجھتا ہوں کہ میں نے کئی سال تک سعید صاحب کو بہت قریب سے دیکھا اور سمجھا۔ آج اس بات کا احساس ہوتا ہے کہ کیا قد تھا

ان کا، کیا رتبہ تھا اور کیا مقام تھا۔ ایک بڑے انسان میں کیا کیا خوبیاں ہوتی ہیں وہ سعید صاحب کی شخصیت کے روبرو ہو کر محسوس کی جا سکتی تھیں۔ میں نے 'آزاد ہند' میں کئی نازک سیاسی دور دیکھے جو انیسویں صدی کے بڑے واقعات میں سے تھے۔ میں نے راجیو گاندھی کی ہلاکت اور بابری مسجد کی شہادت کی خبریں آزاد ہند کے ٹیلی پرنٹر پر آتی ہوئی دیکھی تھیں۔ شہر کو ویران ہوتے اور آفس میں ٹیلی پرنٹر کی آواز کو ڈروانے انداز میں گونجتے ہوئے سنا۔

ایسے بڑے واقعات کے بعد سعید صاحب کو خبروں پر بات چیت کے ساتھ شور شرابے میں اداریئے لکھتے ہوئے دیکھا۔ لوگوں سے باتیں کرتے سنا، کس سے کیا بات کرنا ہے اور کیسے کرنا ہے، کس طرح نپٹنا ہے، سب سے اہم ہر بحرانی حالات میں ان کا سکون قابل دید ہوتا تھا۔ کسی قسم کی جلد بازی نہیں اور کوئی گھبراہٹ نہیں۔

سب کے ساتھ

آزاد ہند میں ایک قابل تعریف بات یہ تھی کہ سعید صاحب اپنا کیبن اسی وقت استعمال کرتے تھے جب کوئی مہمان آتا تھا۔ ورنہ وہ ہم سب کے ساتھ ہی بیٹھتے تھے۔ ایڈیٹوریل روم میں چار میزیں تھیں جس میں نیوز ایڈیٹر سید منیر نیازی کی ایک مستقل میز تھی جبکہ دیگر پر دن اور رات کو الگ الگ لوگ کام کیا کرتے تھے۔ اس کمرے میں ایک جانب اشہر ہاشمی، امان اللہ محمد اور پروفیسر جاوید نہال کے ساتھ سید منیر نیازی ہوتے تھے۔ جبکہ سجاد نظر اور عالمگیر ثانی بھی ہوتے تھے۔ سعید صاحب بھی اسی کمرے میں اپنے کام میں مشغول رہا کرتے تھے۔ یہی ایک صحافی کی نشانی ہوتی ہے کہ الگ تھلگ نہیں بیٹھ سکتا۔ ان کی شخصیت ایسی تھی کہ دیگر اسٹاف کو ان کی موجودگی سے کسی قسم کی کوئی ہچکچاہٹ نہیں ہوتی تھی، بہت آزادانہ ماحول ہوتا تھا۔ ہنسی مذاق بھی ہوتا رہتا تھا۔ ایسا

نہیں ہوتا تھا کہ سعید صاحب ہیں تو سب کی آواز بند ہو، وہ خود ماحول کو بہت ہلکا پھلکا بنا دیتے تھے۔

آزاد ہند میں میرا پہلا قدم اور۔۔۔

دراصل میں روزنامہ ہند میں اسپورٹس رپورٹنگ کرتا تھا لیکن آزاد ہند میں ۱۹۸۹ء سے ترجمہ کا کام شروع کیا تھا۔ بات صرف شوق کی تھی، یا یہ کہہ سکتے ہیں کہ خاندانی مرض کے سبب اردو صحافت کی دلدل میں کودنے کا جنون تھا۔ اس وقت آزاد ہند میں بڑی بڑی توپیں تھیں۔ اپنی حیثیت تو چوزے کی مانند تھی۔ اس وقت آزاد ہند میں پروفیسر جاوید نہال اسپورٹس کے کرتا دھرتا تھے، جن کو ہم سب پیار سے 'استاد' کہا کرتے تھے۔ جب میں آزاد ہند میں گیا تو 'استاد' اپنی عمر کے سبب میدان کی رپورٹنگ کے لیے کم جایا کرتے تھے کیونکہ وہ کمزور ہو گئے تھے۔ کچھ دنوں کے بعد سعید صاحب نے مجھے اپنے کیبن میں بلایا اور کہا کہ ایک ذمہ داری دینا چاہتا ہوں مگر معاملہ ذرا نازک ہے کیونکہ اب تم کو اسپورٹس کی رپورٹنگ کرنا ہے لیکن خیال رہے کہ 'استاد' کا دل نہ دکھے۔

پھر انہوں نے پروفیسر جاوید نہال سے اس سلسلے میں بات کی مگر بڑی خوبصورتی کے ساتھ۔ مجھ سے کہا کہ جو بھی رپورٹ بنایا کرو 'استاد' کو دکھا دیا کرو اور پیر کا ضمیمہ بھی ان کے مشورے سے کیا کرو۔ اس کے بعد کچھ دنوں تک میں پروفیسر جاوید نہال کے سامنے نروس رہا۔ لیکن وہ بھی بڑے دل والے تھے اس لیے انہوں نے کبھی ایسا محسوس نہیں ہونے دیا کہ سعید صاحب کے فیصلے سے ناراض ہیں یا نہیں۔

راجیو گاندھی کی ہلاکت

جب ۱۹۹۱ سابق وزیر اعظم راجیو گاندھی کا قتل ہوا تو میں آفس میں ہی تھا، نصف رات سے قبل ٹیلی پرنٹر پر الرٹ پیغام آنا شروع ہوا کہ۔۔۔ وی آئی پی کلڈ۔۔۔ اس وقت

میں نے اس کو دیکھا۔ پھر اس میں یہ اضافہ ہوا کہ وی وی آئی پی کلڈ۔۔۔ میں نے منیر نیازی سے کہا کہ کوئی بری خبر آ رہی ہے۔ وہ اپنی کرسی سے اپنے منفرد انداز میں شور کرتے ہوئے اٹھے تو اس وقت تک ٹیلی پرنٹر پر خبر آ رہی تھی کہ۔۔۔ راجیو گاندھی کلڈ۔۔۔۔ نیازی صاحب نے دوسرے ہی پل سعید صاحب کو فون ملایا اور بتایا کہ راجیو گاندھی گئے۔ نصف رات کو پورا صفحہ بدلا گیا۔ اداریہ لکھا گیا اور پی ٹی آئی سے آنے والی ہر لیڈ میں کچھ نہ کچھ اضافہ ہو رہا تھا۔ اس واقعہ کے بعد سعید صاحب کو بے حد مایوس دیکھا۔ انہوں نے کئی بار کہا کہ۔۔ بہت برا ہوا۔۔ بہت برا ہوا۔۔۔ ایسا لیڈر نہیں ملے گا۔ وہ اپنی ملاقاتوں کے بارے میں بھی بتاتے گئے لیکن اگلے کئی دنوں تک ان کی مایوسی تحریر کے ساتھ چہرے پر عیاں تھی۔

بابری مسجد کا المیہ

جب ۱۹۹۲ میں بابری مسجد کو گرایا گیا تو ہم سب نے زندگی میں پہلی بار سناٹا دیکھا یعنی کہ کولکتہ میں کرفیو لگا۔ یہ ہم لوگوں کے لیے نیا تجربہ تھا جبکہ ہمارے بزرگوں کے لیے یاد ماضی۔ جن کے مطابق ۱۹۶۴ میں کرفیو کی نوبت آئی تھی اس کے بعد کولکتہ میں کرفیو سے کسی کا آمنا سامنا نہیں ہوا تھا۔ میں اور مرحوم عالمگیر ثانی ہر رات کو آفس سے نکل کر سڑکوں پر گشت کرتے تھے۔ ایک جنون تھا یا کہیں کہ نئے صحافی کے پھدکنے کا مرض تھا۔ نیازی صاحب کو تو معلوم تھا کہ کرفیو پاس کا کیا استعمال ہو رہا ہے مگر وہ کچھ کہتے نہیں تھے کیونکہ اپنی پہچان بھی بگڑے نواب کی تھی۔

لیکن ایک دن سعید صاحب نے پکڑ لیا، بولے کام میں مزہ آ رہا ہے یا گھومنے میں ؟ میں نے کہا گھومنے میں۔ وہ خوب ہنسے اور بولے بے باکی تو 'فریدی صاحب' کی طرح ہی ہے۔ پھر کہا کہ رات کو آفس سے نکل کر اسکوٹر پر کہاں جاتے ہو۔ یہ کوئی گھومنے کا موقع

نہیں ہے۔ سیدھے گھر جایا کرو۔

دوسرے دن منیر نیازی مرحوم سے انہوں نے کہا کہ نئے نئے صحافی ہیں، یہ رکیں گے نہیں۔ ہوا بھی یہی۔ جب میں پارک سرکس کے تلجلا کے فساد زدہ علاقہ میں گیا تو انہوں نے کہا کہ یہ حالات ایسے نہیں کہ تم گھومتے پھرو۔ خبریں آ رہی ہیں پی ٹی آئی سے۔ مگر ہم بھی نہ سدھرنے کی قسم کھا چکے تھے، اس لیے گھومتے رہے اور خبریں بنا کر دیتے رہے۔ انہوں نے پھر کہا کہ 'فریدی صاحب' اور تمہاری ممی پریشان ہونگے۔ وہ جانتے تھے کہ میں اکلوتا ہوں شاید اس لیے ان حالات میں رپورٹنگ کے حق میں نہیں تھے۔ لیکن پھر میں نے انہیں بتایا کہ گھر سے کوئی رکاوٹ نہیں ہے تو پھر اس کے بعد انہوں نے نہیں روکا۔ اس دوران میں اور عظمت جمیل صدیقی بھی کرفیو میں گشت کرتے تھے۔ سنسان سڑکوں پر خود کو شہنشاہ ہونے کا احساس آج بھی تازہ ہے۔ اس کا تجربہ کورونا کے لاک ڈاون میں دہلی میں دوبارہ ہوا۔

جوش نہیں ہوش

میرے ساتھ کئی واقعات ہوئے۔ ہر بار سعید صاحب نے انتہائی خوبصورتی کے ساتھ نہ صرف سمجھا دیا بلکہ اس کی باریکی بھی سمجھا دی۔ ایک بار محمڈن اسپورٹنگ کلب کی سیاست میں پھنس گیا۔ یاد رہے کہ کولکتہ کے اردو اخبارات میں اسپورٹس کا ہر پیر کو خصوصی صفحہ شائع ہوتا رہا ہے۔ جن میں ایک وقت محمڈن اسپورٹنگ کلب کی کارکردگی سے سیاست تک سب حاوی رہتی تھی۔

اس وقت معاملہ ڈپٹی اسپیکر کلیم الدین شمس اور متنازعہ شخصیت میر محمد عمر کے درمیان تھا۔ میں نے ایک رپورٹ میں کلیم الدین شمس کے خلاف لکھ دیا جو کہ سعید صاحب کے بہت ہی قریبی دوست تھے اور اکثر رات گئے وہ آزاد ہند کے آفس میں آیا

کرتے تھے۔

مضمون شائع ہونے کے بعد آفس میں بڑا ہنگامہ اور سناٹا تھا۔ ہمارے نیوز ایڈیٹر سید منیر نیازی نے بہت ڈرایا۔ وہ بولے تم نے تو سعید صاحب کے شمس صاحب کے تعلقات ہی خراب کرا دیئے۔ میری عمر ایسی تھی کہ ان باتوں کا کوئی اثر نہیں ہوا۔ شام کو جب میں آفس گیا تو سعید صاحب نیوز روم میں ہی بیٹھے کام کر رہے تھے۔ میں نے سوچا کہ شاید معاملہ کچھ بگڑے گا مگر وہ دیکھ کر مسکرائے اور بولے۔۔ شہر میں چھا گئے ہو۔۔۔ میں تھوڑا چوڑا ہو گیا اور نیازی صاحب حیران۔ پھر وہ اٹھ کر اپنے کیبن میں گئے تو مجھے بلایا۔ بولے۔۔۔ منصور۔ کیا لکھنا ہے یہ سب جانتے ہیں لیکن کیا نہیں لکھنا یہ سب نہیں جانتے ہیں۔۔۔

میں نے ان کو پورا معاملہ بتایا۔۔ وہ سنتے رہے اور بولے کہ صحافت میں اس حکمت کو یاد رکھنا کیونکہ یہ دو چار دنوں کا کھیل نہیں ہے، زندگی گزارنے کے لیے اس میدان میں کودے ہو۔ اس لیے سمجھداری ضروری ہے۔ توازن بنانے پر زور دیا اور ماضی کے کچھ قصے سنا کر ماحول بھی ہلکا پھلکا کر دیا۔

بلاشبہ میری تحریر سے کلیم الدین شمس کے ساتھ ان کے ذاتی تعلقات متاثر ہو سکتے تھے لیکن انہوں نے مجھے بھی راہ دکھائی اور نہ جانے کیسے شمس صاحب کو بھی رام کر لیا۔ اگر وہ چاہتے تو چیخ پکار کر سکتے تھے، مجھے ہٹا سکتے تھے مگر یہی ان کا بڑپن تھا کہ دونوں جانب معاملات کو درست کر دیا۔

سنجے خان سے ملاقات

یہ بھی شاید ۱۹۹۱ کا وقت تھا۔ ہندوستانی ٹی وی پر پہلی بار ٹیپو سلطان کی زندگی پر سیریل بنانے والے ممتاز فلم ساز سنجے خان پروموشن کے سلسلے میں کولکتہ آئے تھے۔

ہوٹل تاج بنگال میں اردو اخبارات کے مدیروں سے ملاقات تھی۔ وہ اس لیے بھی سرخیوں میں تھے کہ ٹیپو سلطان سیریل کی شوٹنگ کے دوران اس کے سیٹ پر خوفناک آتشزدگی میں بری طرح جھلس گئے تھے، خوش قسمتی تھی کہ زندہ بچ گئے تھے۔ اس ملاقات میں احمد سعید ملیح آبادی اور اخبار مشرق کے ایڈیٹر وسیم الحق کے ساتھ میں بھی موجود تھا۔ طویل گفتگو تھی، میں نے بھی کچھ سوال کئے، پھر چائے کا دور بھی چلا۔ سنجے خان دو بزرگوں کے ساتھ ایک مجھے دیکھ کر کچھ سوچ ہی رہے تھے تو سعید صاحب نے انہیں بتایا کہ ان کے والد کو لکتہ کے سب سے بزرگ صحافیوں میں سے ایک ہیں، یہ ان کی نمائندگی کر رہے ہیں۔ تب سنجے خان کی بے چینی دور ہوئی۔

نائک کے ساتھ کھلنائک

مجھے ایک 'اعزاز' ایسا حاصل ہے جو کولکتہ میں شاید ہی کسی کو ملا ہو۔ دراصل سنجے دت کی ممبئی بم دھماکوں کے کیس میں گرفتاری اور رہائی کے بعد جب فلم 'کھلنائک' ریلیز ہوئی تو میں 'پریس شو' کے لیے اوریئنٹ سنیما پہنچا۔ عام طور پر سنیما ہال کے سامنے بھیڑ ہوتی تھی، لیکن میں نے اوریئنٹ سنیما کے سامنے سعید صاحب کو کھڑا ہوا دیکھا۔ میں ان کے پاس گیا تو مسکرانے لگے اور کہا کہ مجھے لگ رہا تھا تم ضرور آؤ گے۔ میں انہیں اوریئنٹ سنیما کے اندر لے گیا کیونکہ پریس والوں کے لیے ڈسٹری بیوٹر کا نمائندہ ہوتا تھا۔ ہم نے کھلنائک ساتھ ساتھ دیکھی۔ وہ لطف اندوز ہوتے رہے اور کہا کہ سنیل دت کے لڑکے نے کام تو بہت اچھا کیا ہے۔ فلم ختم ہونے کے بعد میں ان کے ساتھ ہی واپس آیا، تو وہ سنجے دت کی جیل یاترا پر بات کرتے رہے۔ اس فلم کا ریویو بھی انہوں نے ہی لکھا تھا۔

ملاقاتیں دہلی میں

میں ۱۹۹۴ میں دہلی آگیا تھا، اس کے بعد کولکتہ یادوں میں رہ گیا، کبھی نہ مٹ پانے

والی یادیں۔ سعید صاحب سے اس کے بعد بھی ملاقات ہوئیں۔ کبھی کسی کانفرنس میں اور کبھی کسی سمینار میں۔ وہ جب بھی ملے، مسکراتے ہوئے ہی ملے۔ ایک بار میرے والد بھی ایک کانفرنس میں آئے تھے تو اشوکا ہوٹل میں ملاقات رہی۔ وہ کسی بات کو بھولتے نہیں تھے۔ اکثر کچھ واقعات کا ذکر کر دیتے تھے۔ وہ کہتے تھے کہ چلو اچھا ہوا تم دہلی آگئے سب بھائی بہن ایک شہر میں آگئے۔

صحافی سے قبل صحافت کی موت

کہتے ہیں کہ صحافی مرتے دم تک صحافت نہیں چھوڑتا ہے لیکن سعید صاحب کی زندگی کا سب سے تکلیف دہ پہلو یہی تھا کہ انہیں اپنی زندگی میں صحافت کو ترک کرنا پڑ گیا۔ آزاد ہند جیسے اخبار کو فروخت کیا۔ کولکتہ کے بجائے ملیح آباد میں منتقل ہوگئے۔ یہ سب ایک صحافتی اور سماجی زندگی کا خاتمہ تھا۔ ایک ایسے صحافی کے لیے جنہوں نے اپنا بچپن اخبار کے آفس میں گزارا تھا، جن کو صحافت کسی امانت کی مانند ورثہ میں ملی تھی۔ ان کے لیے میرے خیال میں یہ حالات ناقابل تصور رہے ہونگے۔ میں سمجھتا ہوں کہ ان کی زندگی کا سب سے مشکل دور اس حقیقت کو تسلیم کرنا ہی ہوگا کہ جیتے جی صحافت سے دور ہوگئے۔ آج کے دور میں جب صحافت کے نام پر دکانیں کھلی ہیں اس وقت اردو صحافت کا 'کوہ نور' یعنی 'آزاد ہند' نیلام ہوجاتا ہے۔ یہ صرف سعید صاحب کا نہیں بلکہ قوم کا المیہ رہا ہوگا۔

قابل غور بات یہ ہے کہ سعید صاحب کا اخبار ان کے ممبر پارلیمنٹ بننے کے بعد نیلام ہوا۔ ۲۰۰۸ میں وہ راجیہ سبھا کے لیے منتخب ہوئے تو ۲۰۱۰ میں آزاد ہند نیلام ہوگیا۔ میری نظر میں اس کے دو اسباب تھے اول تو وہ خالص صحافی تھے، کاروباری نہیں تھے، انہیں نئے دور کی 'مارکٹنگ' کے 'آداب' نہیں معلوم تھے۔ انہوں نے اس میں کبھی اشتہارات کے لیے کسی کے سامنے ہاتھ نہیں پھیلائے، جو اشتہارات آجاتے تھے، بس

اسی کو قبول کر لیتے تھے۔ ان کی اس ظرف نے بھی کہیں نہ کہیں اخبار کو نئے زمانے کے طریقوں سے الگ کر دیا تھا جس کے لیے ہم کوئی تبصرہ نہیں کر سکتے

دوسرا یہ کہ اردو صحافت میں ان کا کوئی وارث بنا نہ ہی جانشین لیکن انہیں اپنی نئی نسل سے بھی اس قسم کی مدد نہیں ملی جیسی کہ کبھی مولانا رزاق ملیح آبادی کو ان سے ملی ہوگی۔ یقیناً اب زمانہ بدل چکا ہے اور اردو صحافت میں بھی وہ کشش یا مستقبل نظر نہیں آرہا ہے شاید اس لیے آزاد ہند اس انجام کو پہنچا۔

آزاد ہند کا بند ہونا اور نیلام ہونا ہم سب کی زندگی کا بھی بہت بڑا صدمہ تھا، میں نے بھی اس درد کو محسوس کیا، جس کے سبب اس کا احساس کرنا مشکل ہے کہ سعید صاحب کو کتنی تکلیف ہوئی ہوگی۔ یقیناً یہ پیروں تلے سے زمین کا کھسک جانے کے مترادف ہوگا۔ یہ سعید صاحب کی زندگی کا سب سے سخت دور ہوگا ایک صحافی کے لیے اس سے بڑا صدمہ اور کوئی نہیں ہو سکتا ہے وہ زندگی میں ہی صحافت سے محروم ہو جائے۔

قسمت نے نہ دیا ساتھ

ہم سب جانتے ہیں کہ احمد سعید ملیح آبادی نامور صحافی اور ابوالکلام آزاد کے دست راست مولانا عبدالرزاق ملیح آبادی کے فرزند تھے۔ سعید صاحب نے آزاد ہند میں والد کا ہاتھ بٹانا شروع کیا تھا۔ مولانا ابوالکلام آزاد جب وزیر تعلیم ہوئے تو انہوں نے اپنے دیرینہ رفیق کو ثقافۃ الہند کے ایڈیٹر کی حیثیت سے دہلی بلانے کی دعوت دی۔ مولانا عبد الرزاق کے لیے یہ پریشان کن لمحہ تھا، کیونکہ وہ سوچ رہے تھے کہ اس سے آزاد ہند پر اثر پڑے گا۔ جس کے سبب انہوں نے نے اپنا معذرت نامہ لکھ بھیجا کہ ان کے اخبار کا کیا ہوگا۔

مگر مولانا آزاد نے اخبار کو احمد سعید کے حوالے کر دینے کا مشورہ دیا۔ یہی نہیں اس

کے ساتھ یہ تاریخی جملہ کہا تھا کہ۔۔۔ مچھلی اور بطخ کو تیرنا سکھایا نہیں جاتا، وہ تو بغیر سکھائے تیرنے لگتی ہے۔ جس کے بعد مولانا عبدالرزاق صاحب اخبار سے مطمئن ہو کر دہلی روانہ ہو گئے اور احمد سعید ملیح آبادی نے والد ہی کے طرز پر ایڈیٹر کی حیثیت سے کام کرنا شروع کیا۔ ساتھ ہی آزاد ہند کو ایک مقام بخشا مگر اس معاملہ میں سعید صاحب کی قسمت نے ان کے والد کی طرح ساتھ نہ دیا۔

میں اس کی تفصیل نہیں جانتا کہ کیا ہوا اور کیسے ہوا اور کیوں ہوا۔ لیکن اتنا جانتا ہوں کہ جو ہوا وہ تکلیف دہ تھا۔ ان کی زندگی کے آخری ایام کے بارے میں لکھنے کے بارے میں سوچا تو ان کی ہی یہ نصیحت کانوں میں گونج گئی کہ۔۔۔ کیا لکھنا ہے سب جانتے ہیں لیکن کیا نہیں لکھنا یہ جاننا ضروری ہے۔ آج سوچتا ہوں تو حیرت ہوتی ہے کہ آج ملک میں 'پٹھان'۔۔ پٹھان' کی گونج ہے لیکن میں نے ایک حقیقی 'پٹھان' کے ساتھ طویل عرصہ گزارا۔ ان سے بہت کچھ سیکھا لیکن اس میں کہیں جارحیت نہیں تھی، جلال نہیں تھا، تیور نہیں تھے، اکڑ نہیں تھی بلکہ اعتدال تھا، رواداری تھی، اخلاق تھا، ملنساری تھی، خاکساری تھی، خوش مزاجی تھی، سادگی تھی اور بھی خوبیاں تھیں جو اس فہرست کو مزید طویل کر دیں گی۔ شاید اسی لیے داغؔ کہہ گئے کہ۔۔۔

خدا بخشے بہت سی خوبیاں تھیں مرنے والے میں

***

Ahmad Saeed Maleehabadi, the pathan of Urdu journalism.

By: Mansooruddin Faridi

(۱۱) سید منیر نیازی: جن کی ہمیشہ نیاز مند رہے گی اردو صحافت

منصور الدین فریدی

کولکاتا کے معتبر و معروف اردو صحافی سید منیر نیازی کی زندگی کے کچھ دلسوز گوشوں کو عیاں کرتا ہوا یہ ایک فکر انگیز خاکہ ہے، جسے ان کے ایک صحافی شاگرد نے تحریر کیا ہے اور بطور خاص تعمیر نیوز میں اشاعت کے لیے ارسال کیا۔ ۲۶ر اگست ۲۰۱۵ کو سید منیر نیازی کا انتقال ہوا تھا جس پر ممبئی کے معروف ادیب اور صحافی ندیم صدیقی نے ایک مختصر مگر پر اثر تعزیتی تحریر پیش کی تھی۔ سید منیر نیازی سے متعلق انٹرنیٹ پر موجود اسی واحد تحریر کا حوالہ زیر نظر خاکے میں بھی دیا گیا ہے۔ اردو ادب و صحافت کے میدان میں جنم لینے والے ایسے المیوں کی روک تھام کے لیے ہمارے کیا اقدامات ہیں یا ہونے چاہیے، یہ سب کے لیے سوچنے کا مقام ہے۔

سید منیر نیازی، کولکتہ کی اردو صحافت میں 'خبروں کے جوہری' تھے، خبروں کو تراشنے اور سرخیوں کو سنوارنے کا فن شاید ہی کوئی ان سے بہتر جانتا ہو۔ کسی بھی خبر میں الفاظ کے معمولی 'ردوبدل' سے روانی اور خوبصورتی پیدا کر دیتے تھے۔ ایک ایک لفظ پر پکڑ ایسی تھی کہ خدا کی پناہ۔ اخبار میں کوئی بھی ایسی خبر نہیں جاتی تھی جو نیازی صاحب کی نظروں سے نہ گزری ہو۔

صبح کو ادارتی صفحہ سے جو کام شروع ہوتا تھا وہ رات گئے 'لیڈ اسٹوری' تک جاری رہتا تھا۔ وہ 'آزاد ہند' کے 'باغبان' تھے، ہر کالم میں لگی خبر کسی پودے کی طرح ہوتی تھی۔ کاپی سیٹنگ پر بھی نظر رکھتے تھے، کون سی خبر کو کس جگہ لگانا ہے اور فوٹو کہاں؟

ہم کمپیوٹر میں جو اب دیکھ رہے ہیں وہ نیازی صاحب نے کاپی سیٹنگ میں دکھا دیا تھا۔ وہ صحافت میں 'پیر' تھے، ان کے 'مرید' ان کی ڈانٹ سے ہی اپنی 'بزرگی' حاصل کر لیتے تھے۔ وہ خشک مزاج تھے، ہنسنا تو دور کی بات مسکرانا بھی مشکل ہوتا تھا، وہ کام میں اس قدر غرق رہتے تھے کہ آس پاس کی کوئی خبر ہی نہیں رہتی تھی۔ چشمے میں سے جھانک کر دیکھا کرتے تھے اور جب 'ٹیلی پرنٹر' کا رخ کرتے تھے تو کرسی کو بہت زور سے پیچھے کو دھکیلتے تھے۔

نیازی صاحب 'سو فیصد' کام کرنے اور کام کرنے والوں سے بھی 'سو فیصد' کارگزاری لینے کے قائل تھے، اس لئے اگر کبھی کسی سے کوئی ناراضگی بھی ہوتی تھی تو صرف کام پر۔ ورنہ پھر چائے کے ساتھ معاملہ تمام ہو جاتا تھا۔

دراصل ہوتا یہ ہے کہ اخبارات میں نیوز ایڈیٹر کا کردار 'پردے کے پیچھے' والا ہوتا ہے۔ قاری اخبار میں مضمون نگار اور رپورٹر کے ناموں سے واقف ہوتے ہیں لیکن اخبار کو حتمی شکل دینے والے دماغ اور چہرے سے نہیں۔ نیازی صاحب کی محنت بھی ایسی ہی تھی جس کو ہم لوگ دیکھتے اور سمجھتے تھے اور کوئی نہیں۔ سب سے اہم بات یہ تھی کہ اخبار میں شائع ہونے والا ایک ایک لفظ نیازی صاحب کی نظروں سے گزرا ہوا ہوتا تھا۔ ان کا خبروں کی نوک پلک درست کرنے کا فن اور سرخیوں کا توازن قابل دید ہوتا تھا۔

احمد سعید ملیح آبادی صاحب کم سے کم اس معاملہ میں خوش قسمت تھے کہ انہیں نیازی صاحب جیسا صحافی اور انسان ملا تھا، اگر وہ کئی ہفتے بھی شہر سے باہر ہیں تو انہیں ایک بھی ٹیلی فون کرنے کی ضرورت نہیں پڑتی تھی، یہ الگ بات ہے کہ نیازی صاحب مرحوم کو 'اجرت' کے سوا کچھ نہیں ملا۔ ایک بات تو حیران کن تھی کہ نیازی صاحب نے جس انداز میں 'آزاد ہند' کو سنبھالا تھا اس طرح تو کسی مالک کیلیے بھی مشکل ہوتا ہے۔ سچ تو یہی

ہے کہ نیازی صاحب کی بیماری کے بعد 'آزاد ہند' بھی لاغر ہو گیا تھا۔ جس طرح نیازی صاحب کی صحت گرتی گئی اسی طرح 'آزاد ہند' کی بنیادیں بھی کمزور ہوتی گئیں۔ 'آزاد ہند' میں کام کرنے والا ہر رکن جانتا تھا کہ نیازی صاحب کے کندھوں پر ہی ہے اخبار کا بوجھ۔

سید منیر نیازی ۱۹۶۹ میں کولکتہ آئے تھے، جب بہار کے ممتاز صحافی مرحوم غلام سرور انہیں پٹنہ سے کلکتہ لے کر آئے تھے۔ مقصد تھا 'سنگم' کی ادارت ان کو سنبھالنے کیلئے دیں، لیکن سنگم صرف دو سال بعد ہی پٹنہ منتقل ہو گیا۔ مگر منیر نیازی نے شہر کا دامن ایسا تھام لیا گویا ماں کی گود مل گئی ہو۔

جس کے بعد انہوں نے 'آزاد ہند' کا رخ کیا جو کہ اس وقت کولکتہ میں 'دیو' کی حیثیت رکھتا تھا۔ شاید انہیں بھی اس بات کا اندازہ نہیں ہوگا کہ یہ اخبار ان کی زندگی بن جائے گا۔ دراصل ۱۹۷۷ کے بعد جب ممتاز صحافی رضوان اللہ صاحب نے 'آزاد ہند' کو خیر باد کہا تو منیر نیازی نے 'نیوز ایڈیٹنگ' سنبھالی تھی۔ اس کے بعد ۳۵ سال تک وہ اخبار سے جڑے رہے۔ نیازی صاحب نے دراصل ایک ایسا دور دیکھا جب ایک ایک لفظ درست کر کے خبر کو کاتب کو دیا جاتا تھا، ترجمہ ہو یا زبان، سب پر تھی لگام۔

مگر پھر ایک ایسا وقت آیا جب 'پیج میکنگ' شروع ہوئی۔ ایک صفحہ بنانے کیلئے 'کٹ اینڈ پیسٹ' کا دور چل پڑا۔ ظاہر بات ہے کہ ایسے ماحول میں نیازی صاحب جیسے صحافی کیلئے سانس لینا بھی مشکل ہو گیا ہو گا مگر انہوں نے آخر تک خود کو اس میں کھپانے کی کوشش جاری رکھی تھی۔

غصہ ور استاد، نالائق شاگرد

میں نے جب 'آزاد ہند' کا رخ کیا تو نیازی صاحب کی 'شاگردی' ملی۔ وہ ہم سب کی 'اوبڑ کھابڑ' خبروں کی نوک پلک کچھ اس طرح درست کرتے تھے کہ دوسرے دن اخبار

میں پڑھ کر لگتا ہی نہیں تھا کہ یہ اپنی کارگزاری ہے۔ اس معاملہ میں ان کا ساتھ کام کرنے والوں کے ساتھ کئی مرتبہ اختلاف بھی ہوا اور ٹکراؤ بھی۔ مگر اپنی حیثیت تھی 'چوزے' جیسی۔ اس لئے ہر ڈانٹ پھٹکار کو استاد کا تبرک سمجھ کر نگل جاتے تھے۔ ایک ایک لفظ کی پکڑ، ایک ایک جملہ پر گرفت۔ دو چار کالم کے ترجمہ میں حالت نچوڑے ہوئے لیموں کی طرح ہو جاتی تھی۔ ہم لوگ ٹھہرے بے چین، گن گن کر خبریں کرنے کے عادی نہیں تھے، دو گھنٹے سے زیادہ ٹک کر بیٹھنے کو کبھی قبول نہیں کیا تھا۔ ہوا کے گھوڑے پر آؤ اور گدھے کے سینگ کی طرح غائب ہو جاؤ، اسی کو 'روانی اور جوانی' مانتے تھے۔

بلاشبہ نیازی صاحب بہت برداشت کرتے تھے وہ بھی میرے والد کے سبب، ورنہ ہم کس کھیت کی مولی تھے۔ نیازی صاحب تھے جوہری اس لئے ایک نظر میں پہچان گئے تھے کہ 'نالائق' ہے۔ اس لئے اچھے اور خراب موڈ میں 'نالائق' ہی کہہ کر پکارتے تھے۔ بات نیازی صاحب کی تھی اس لئے سر آنکھوں پر تھی، استاد کا دیا 'لقب' سنبھال کر رکھ لیا۔ ایک دن سعید صاحب کے سامنے ہی بولے:

"کیسے جھیلتے ہیں فریدی صاحب تم کو"

میں نے جواب دیا کہ:

"آپ کو کیا معلوم کون کس کو جھیل رہا ہے؟"

سعید صاحب خوب ہنسے۔ بولے: ارے کس سے الجھ رہے ہیں؟

ان کی ڈانٹ کا کوئی اثر ہی نہیں ہوتا تھا، اپنی کھال ہی اتنی موٹی ہو چکی تھی۔ مگر وہ بہت کچھ میرے والد کے سبب نظر انداز کر جاتے تھے۔ پھر ہم لوگ اتنا ہنستے بولتے تھے کہ آخر میں وہ بھی مجبور ہو کر مسکرا دیتے تھے۔

بڑی خبریں اور تنازعے

جب سابق وزیر اعظم راجیو گاندھی کا قتل ہوا تو میں آفس میں تھا اور نیازی صاحب کھانا کھانے گئے ہوئے تھے، رات کو ۱۱ بجے کے بعد جب وہ لوٹے تو میں 'ٹیلی پرنٹر' کے سامنے وقت گزاری کر رہا تھا۔ میری نظر ٹیلی پرنٹر پر تھی جس پر اچانک

VIP KILLED

کا پیغام آنا شروع ہوا۔ یہی ایک سطر تقریباً ۲۰-۳۰ مرتبہ آگئی تو میں نے نیازی صاحب سے مذاقاً کہا کہ 'ٹیلی پرنٹر' کی سوئی اٹک گئی۔

وہ بولے کیا ہوا؟

میں نے بتایا کہ VIP KILLED لکھا ہوا آرہا ہے۔ وہ اپنی کرسی کو بہت تیزی کے ساتھ کھسکا کر ٹیلی پرنٹر کے قریب آگئے اور کہنے لگے۔۔ کون چلا گیا۔۔۔۔۔ بڑی خبر آرہی ہے۔۔۔

میں بھی تجسس کا شکار ہو گیا۔ نظریں ٹیلی پرنٹر سے ہٹ نہیں رہی تھیں کہ اچانک ٹیلی پرنٹر پر 'Rajiv Killed' لکھا ہوا ابھرا۔ میں نے زور سے کہا۔۔

'نیازی صاحب! راجیو گاندھی مارے گئے'۔

وہ اپنی کرسی کو چھوڑ کر دوڑے۔ سب ٹیلی پرنٹر پر آگئے۔۔اس کے بعد خبروں کو روکنے اور نئی خبروں کا انتظار اور تلاش شروع ہوئی۔ بی بی سی پر کان لگا دیئے گئے۔ خبر بھی دو دو سطر کے ساتھ بڑھ رہی تھی، نیازی صاحب نے متعدد لوگوں کو ٹیلی فون کئے، جن میں بو بازار پولیس اسٹیشن کے او سی بھی شامل تھے۔ میرے صحافتی سفر میں راجیو گاندھی کا قتل پہلی بڑی خبر تھی۔ رات دو بجے تک سب کام کرتے رہے، نیازی صاحب کی بنائی ہوئی خبر ایسی لگتی تھی گویا موتی جڑے ہوئے ہوں، کسی بھی جملہ کو دہراتے نہیں

تھے، کڑی در کڑی، سلسلہ وار یا پھر تسلسل۔ خبر کے توازن کو لاجواب بنا دیتا تھا۔

مجھے آج بھی یاد ہے کہ ۶/ دسمبر کو جب بابری مسجد کی شہادت کے بعد تناؤ تھا اور شہر میں سناٹا تھا تو میں 'آزاد ہند' کے آفس میں اپنا کام نمٹا کر پر تول رہا تھا۔ مگر نیازی صاحب دھاڑے۔۔

'ارے آج کہاں جاؤ گے، بابری مسجد کی شہادت ہوئی ہے، سناٹا پڑا ہے سڑکوں پر۔ رکو اب خبریں آئیں گی، بہت کام ہے۔۔'

معاملہ کی نزاکت کے سبب میں بھی رک گیا۔ وہ رات کو کہتے تھے کہ 'سیدھے گھر جانا، یہ تفریح کا وقت نہیں ہے، کہیں الو کی طرح گھومتے رہو'۔

میں بھی ہنس کر کہہ دیتا تھا کہ نیازی صاحب ایسا تو ہو نہیں سکتا، نیند ہی نہیں آئے گی جب تک گشت نہیں کریں گے۔

ایک مرتبہ میں نے 'محمڈن اسپورٹنگ' کے بحران پر ایک آرٹیکل کے ساتھ اسپورٹس صفحہ پر ایک ایسا پرانا فوٹو لگا دیا جس میں محمڈن اسپورٹنگ کا ایک وفد اس وقت کے وزیر اعلی جیوتی باسو سے ملاقات کر رہا تھا۔ مسئلہ یہ تھا کہ اس فوٹو میں سابق فٹ بال سکریٹری میر محمد عمر بھی جیوتی باسو کے ساتھ نظر آرہے تھے، جو کہ اس وقت قتل کے مقدمہ میں سزا کاٹ کر جیل سے باہر آئے تھے۔ میں اس پر 'فائل فوٹو' لکھنا بھول گیا تھا۔

دوسرے دن نیازی صاحب بے انتہا غصہ میں نظر آئے۔ بولے:

کیا حماقت کی ہے؟ کہاں کہاں سے فون آرہے ہیں، جانتے ہو؟

میں نے کہا: آپ کہہ دیں کہ "فائل فوٹو" لکھا جانا رہ گیا، اس کو اتنی سنجیدگی سے کیوں لے رہے ہیں؟

وہ بولے: اب تمہارے لئے میں غیر سنجیدہ بھی ہو جاؤں؟

دراصل محمڈن اسپورٹنگ کے ساتھ سیاسی جنگ جاری تھی، اس میں بائیں محاذ کی بھی دلچسپی تھی اور کانگریس کی بھی۔ اس لئے یقیناً کسی نہ کسی نے ضرور اس معاملہ کو ہوا دی ہوگی۔ بہرحال میں انتظار کرتا رہا کہ شاید احمد سعید ملیح آبادی کچھ کہیں مگر انہوں نے کچھ ذکر نہیں کیا۔ ہو سکتا ہے نیازی صاحب نے بات کو اپنے تک محدود رکھا ہو یا پھر سعید صاحب نے مزید بات کرنا مناسب نہ سمجھا ہو۔

برے وقت کی کہانی

۲۰۰۷ میں وہ دور آیا جو ہر اردو صحافی کی قسمت میں ہوتا ہے، یعنی کہ 'برا وقت'۔ ایک برا وقت وہ ہوتا ہے جس میں سب ساتھ ہوتے ہیں، ایک برا وقت ایسا ہوتا ہے جب کوئی ساتھ نہیں ہوتا ہے۔

نیازی صاحب کے دماغ پر بے انتہا دباؤ رہتا تھا، وہ اسی کے سبب ہنسنا بھول گئے تھے، غصے میں بھی آجاتے تھے۔ خاموش تو وہ رہتے ہی تھے۔ انہیں 'برین ہیمرتج' ہوا تو انہیں آفس سے 'سڑک پار' کہیں یا پھر 'گھر کے پیچھے' ایک ایسے 'اسلامیہ اسپتال' میں داخل کر دیا گیا جسے خود ہمیشہ اپنی 'یتیمی' کا احساس مارتا رہتا تھا۔ میرے ایک دوست نے کہا تھا کہ ایک مقامی شاعر نے راہ چلتے اسے بتایا کہ:

'آزاد ہند' کی جان منیر نیازی کی اسلامیہ اسپتال میں 'جان خطرے' میں ہے۔ وہ بے یارومددگار پڑے ہیں، علاج کیا ہو رہا ہے اور کون کیا دیکھ رہا ہے کچھ کہا نہیں جا سکتا ہے۔

میرے اس دوست کا کہنا ہے کہ وہ فوراً اسلامیہ اسپتال گیا، آئی سی یو میں نیازی صاحب کو بے ہوشی میں پایا۔ ڈیوٹی پر موجود ایک ڈاکٹر نے بتایا کہ دماغ کی چار نسیں پھٹ چکی ہیں، اگر یہی حال اور علاج رہا تو ایک دو دن کی زندگی بچی ہے۔ اس نے کولکتہ کے ایک سیاسی لیڈر 'وجے اپادھیائے' کو اس صورتحال سے آگاہ کیا جو اقلیتی طبقہ سے زیادہ جڑے

رہتے ہیں، اگلے دن انہوں نے منیر نیازی کو اسلامیہ اسپتال سے MRI اسپتال منتقل کرایا۔ جہاں مہنگے علاج نے غریب صحافی کی زندگی بچالی۔

مجھے کسی نے یہ بھی بتایا کہ جب نیازی صاحب زندگی وموت کی جنگ لڑرہے تھے اس وقت اسلامیہ اسپتال انتظامیہ ملازمین کے ایک نمائشی فٹ بال میچ کے اہتمام کیلئے میٹنگ کر رہا تھا۔ کولکتہ کے بیشتر صحافیوں کا یہی کہنا ہے کہ ایک نازک وقت میں اخبار نے انہیں بے یار و مددگار چھوڑ دیا تھا، اس کی شکایت اس لئے نہیں کی جاسکتی کہ ایسا ہونا 'روایت' بن چکا ہے۔

عشق تھا 'آزاد ہند' سے

'آزاد ہند' سے منیر نیازی کا کیسا لگاؤ تھا اس کا اندازہ لگایا جا سکتا ہے کہ جب وہ روبصحت ہوئے تو وہ دوبارہ 'آزاد ہند' پہنچ گئے۔ مگر استقبال 'صحت مندانہ' نہیں رہا۔ وہی ہوا جو ہوتا آیا ہے۔ دل تو ٹوٹا ہوگا اور دماغ بھی ہل گیا ہوگا لیکن واہ رے ظرف۔۔ کسی سے کوئی شکایت نہیں کی اور سب سے بڑی بات کہ کسی اور اخبار کا رخ بھی نہیں کیا بلکہ شہر کو ہی الوداع کہہ دیا اور دہلی آ گئے۔

اس عمر میں اتنے تجربے کے ساتھ کسی نئے شہر میں نئے سرے سے کام شروع کرنا آسان نہیں ہوتا ہے، اس کے باوجود نیازی صاحب نے خود کو 'یو این آئی' سے جوڑے رکھا۔ ان لوگوں کے ساتھ کام کرتے رہے جو کبھی ان کے چیلے تھے۔ ایک مختلف کردار میں اور ایک مختلف ماحول میں۔

کولکتہ میں زندگی گزار دینے کے بعد دہلی کی آب وہوا کس کو راس آسکتی ہے۔ یہی نیازی صاحب کے ساتھ ہوا۔ کولکتہ میں تو سڑک پار کی تو آفس اور دوسری سڑک پار کی تو دوست واحباب۔ دہلی میں طویل فاصلوں کی مار اور نیا ماحول وہ زیادہ دنوں تک جھیل

نہیں پائے، ایک بار پھر کولکتہ کا رخ کیا۔ 'آزاد ہند' میں واپس آگئے۔ ۲۰۱۰ اگست میں آزاد ہند کے بند ہونے تک وہ احمد سعید ملیح آبادی کے ساتھ کام کرتے رہے۔ اس کے بعد 'آزاد ہند' کی قضا آگئی جب اخبار ہی بک گیا۔ وہ ایک بار اپنے گاؤں چلے گئے تھے، ان کیلئے کسی اور اخبار میں کام کرنا ممکن نہیں رہا تھا۔ بہر حال جب ۲۰۱۱ میں جب آزاد ہند 'شاردا گروپ' کی ملکیت میں دوبارہ شروع ہوا تو احمد سعید ملیح آبادی کی دعوت پر ایک بار پھر آزاد ہند سے وابستہ ہونے کیلئے ضلع غازی پور سے کلکتہ آگئے۔ اسی کو تو ظرف کہتے ہیں۔

انہوں نے 'آزاد ہند' کو اتنا طویل وقت دیا تھا کہ اس کے بغیر زندگی ممکن نہیں رہی تھی۔ افسوس کی بات یہ ہے کہ اس بار بھی کولکتہ واپسی چار دن کی چاندنی ہی ثابت ہوئی۔ دو سال بعد چٹ فنڈ گھوٹالہ کی ہنگامہ آرائی سے قبل 'آزاد ہند' کو الوداع کہہ کر مارچ ۲۰۱۳ میں اپنے آبائی گاؤں گوڑ سرا (غازی پور ضلع) گئے تھے بس اس کے بعد۔۔۔

خالی ہاتھ آئے، خالی ہاتھ گئے

نیازی صاحب کے بارے میں قلم اٹھانے سے قبل میں نے 'انٹرنیٹ' پر ان سے متعلق کچھ تلاش کرنے کی کوشش کی تو ان کے انتقال پر ممبئی کے ایک سینئر صحافی ندیم صدیقی کا مضمون نظر سے گزرا، جس میں انہوں نے اردو صحافی اور صحافت کا نقشہ کچھ یوں کھینچا تھا کہ:

"۔۔۔ منیر نیازی سے پہلی بار کلکتے کے سب سے بڑے اردو اخبار کے دفتر میں ملاقات ہوئی تھی، وہی روایتی چہرے مہرے اور ممبئی کی زبان میں کہا جائے تو سوکھے ہوئے چہرے پر حالات کی حزنیہ کہانی لکھی ہوئی تھی۔ ان سے مل کر جب اخبار کے چیف ایڈیٹر کے کیبن پر نظر پڑی (جب کہ ہم چیف ایڈیٹر ہی سے ملنے گئے تھے) تو ان حضرت کی رنگین تصویر دیکھی تو کلہ بھرا ہوا تھا اور سپید رنگ کے لحیم و شحیم شخص کا چہرہ ایسے لگ رہا تھا کہ اگر کوئی منہ نوچ لے تو خون کی دھار، ابھی بہہ نکلے۔

یہ صورت دیکھ کر ایک بار منیر نیازی کے 'چہرے' کی طرف دیکھا تو سرخ و سپید چہرے والے سے پھر ملنے کی خواہش دم توڑ گئی بلکہ قلب و ذہن میں ایک منفی لہر سی محسوس ہوئی، وہ لہر تو اب نہیں مگر اس کا تاثر اب تک ذہن پر باقی ہے۔

سید منیر نیازی، غازی پور میں اپنی صاف ستھری زندگی کے ساتھ رخصت ہو گئے یہ کم بڑی بات نہیں کہ ان کے صحافتی کردار پر ایک معمولی سا دھبہ تو دور ایک چھینٹا بھی نہیں تھا۔۔۔ یاد آتا ہے کہ جب کلکتے کی چونا گلی میں حکیم حسینی کے گھر منیر نیازی سے آخری ملاقات ہوئی تو ان سے بہت سی باتیں ہوئی تھیں، ان کا بیان یہاں ممکن نہیں مگر ایک سینئر صحافی کی طرف سے ایک جو نئیر اخبار چی کو بڑی بلیغ نصیحت کی تھی انہوں نے۔۔۔۔

"ندیم میاں! قلم ہمارے آپ کے پاس ایک امانت ہے۔ یہ اپنی ذات کا اشتہار لکھنے کیلئے نہیں ہوتا۔۔۔"۔۔۔

ایسے ہی قلم کے امین تھے۔۔۔ اور منیر بھی۔۔۔ سید منیر نیازی!! ان کی 'سیدی' ان کے ساتھ کیا آج بھی روشن نہیں ہے؟!؟"

اس سے اردو صحافت کی کچھ اور باریکیوں کا اندازہ لگایا جا سکتا ہے، جس پر آگے بات ہو سکتی ہے۔ اتنا ضرور ہے کہ نیازی صاحب نے جس ایمانداری اور محنت سے کام کیا اس کا موزوں و مناسب صلہ انہیں نہیں ملا۔ انہوں نے اخبار کو وقت نہیں بلکہ زندگی دے دی لیکن ہاتھ کیا آیا؟

***

Syed Munir Niazi, Urdu journalism never forgets him.

By: Mansooruddin Faridi

(۱۲) کمال خاں کی صحافت کا کمال

معصوم مرادآبادی

(نوٹ: کمال خاں ہر چند کہ ہندی صحافت سے تعلق رکھتے تھے مگر ہندوستان کی اردو صحافت کے منظر نامے میں ان کی شخصیت کچھ غیر معروف بھی نہیں رہی)

جمعہ کی صبح کی اولین ساعتوں میں صحافی کمال خان کی اچانک موت کی اطلاع ملی تو کافی دیر تک اس پر یقین نہیں آیا۔ یوں محسوس ہوا کہ ابھی تھوڑی دیر میں وہ خود این ڈی ٹی وی کے اسکرین پر نمودار ہو کر اس 'افواہ' کی تردید کر دیں گے۔ لیکن جب میں نے رویش کمار کو این ڈی ٹی وی کے اسکرین پر اس خبر کی تصدیق کرتے ہوئے سنا تو دل بھر آیا۔

کمال خان واقعی باکمال صحافی تھے۔ میں انھیں ادین شرما، ایس پی سنگھ اور ونود دوا کی صف کے ان صحافیوں میں شمار کرتا ہوں جنھوں نے ہر قیمت پر سچ بولتے رہنے کی قسمیں کھائیں اور مرتے دم تک اس پر قایم رہے۔

کمال خان جب بھی اسکرین پر نمودار ہوتے تو سچ ہی بولتے تھے۔ انھوں نے ایک ایسے دور میں سچائی کا دامن آخری وقت تک تھامے رکھا جب میڈیا میں جھوٹ کی حکمرانی ہے۔ انھوں نے ٹی وی رپورٹنگ میں ایک نیا طرز ایجاد کیا تھا۔ مجھے اس میں لکھنؤ کی قصہ گوئی کا لطف آتا تھا۔ وہ نہایت دھیمے لب و لہجہ میں قصوں کی طرح خبروں کو دل میں اتارتے چلے جاتے تھے۔ جن لوگوں نے مایہ ناز لکھنوی صحافی ونود مہتہ کی آپ بیتی پڑھی ہے، وہ اس بات کی گواہی دیں گے کہ گنگا جمنی تہذیب اور اجلی معاشرت کے لیے ممتاز

لکھنو شہر کیسے کیسے کھلنڈروں کی پناہ گاہ تھا۔ کمال خان ایسے ہی لوگوں کی آخری نشانیوں میں سے ایک تھے۔

کمال خان سے میری کوئی زیادہ شناسائی نہیں تھی۔ ہاں مارچ ۲۰۱۵ میں جب مولانا آزاد نیشنل اردو یونیورسٹی حیدرآباد نے اپنے کیمپس میں صحافیوں کی ایک بین الاقوامی کانفرنس کا انعقاد کیا تو میں اور کمال خان یونیورسٹی کے ایک ہی گیسٹ ہاؤس میں مقیم ہوئے اور ان سے براہ راست بات چیت کا موقع ملا۔ یہ دو دن ہم نے لذیذ حیدرآبادی کھانوں اور مباحث کے درمیان گزارے۔ اس کانفرنس کی تھیم تھی:

"مسلمان، جمہوریت اور ذرائع ابلاغ: چیلنجز اور امکانات"

کانفرنس کے شرکاء میں این۔ رام، راج دیپ سرڈیسائی، ویدپرتاپ ویدک، شیکھر گپتا، ونود شرما، سعید نقوی، اسد مرزا اور سوپن داس گپتا جیسے بڑے صحافی شامل تھے۔ کمال خان اور میں کانفرنس کے ایک ہی سیشن میں ساتھ ساتھ تھے۔ انھوں نے بڑے سلیقے اور قرینے سے اپنی بات کہی۔ ان میں بلا کی خود اعتمادی تھی اور معاملہ فہمی بھی۔

عام خیال یہ ہے کہ ٹی وی اینکر اسکرین پر جو کچھ بولتے ہیں، وہ انھیں لکھ کر دیا جاتا ہے اور اس میں ان کی اپنی کسی صلاحیت کو کوئی دخل نہیں ہوتا۔ یہ بات بڑی حد تک درست بھی ہے، لیکن کمال خان صرف اینکر نہیں تھے۔ وہ ایک باشعور صحافی تھے اور ان کی تربیت 'نوبھارت ٹائمز' اخبار میں باشعور صحافیوں کے درمیان ہوئی تھی۔

وہ اہل زبان تھے۔ این ڈی ٹی وی پر وہ براہ راست رپورٹنگ کرتے تھے اور ان کا بیانیہ دوسروں سے قطعی مختلف تھا۔ وہ جب اسکرین پر نمودار ہوتے تو لوگ سب کچھ چھوڑ کر انھیں سننا چاہتے تھے۔ این ڈی ٹی وی پر انھوں نے دو دہائیوں تک اپنے کیریر کی

بہترین رپورٹنگ کی اور ٹی وی جرنلزم میں ایک علیحدہ شناخت بنائی۔ اپنے پروفیشن سے ان کی عقیدت اور گہری دلچسپی کا اندازہ اس بات سے لگایا جاسکتا ہے کہ اپنی ناگہانی موت سے چند گھنٹے قبل تک وہ پرائم ٹائم کے لیے لکھنؤ سے رپورٹنگ کر رہے تھے۔ اترپردیش کے سیاسی اور سماجی حالات پر ان کی گرفت سب سے زیادہ مضبوط تھی۔

وہ ایک بہت مشکل دور میں سچی اور کھری صحافت کا پرچم بلند کئے ہوئے تھے۔ ایک ایسے دور میں جب ٹی وی جرنلزم کے بیشتر صحافی پیٹ کے بل چل رہے ہیں، وہ ایک کھرے پٹھان کی طرح سینہ تان کر چل رہے تھے۔ یہ جرات اور بے باکی ان ہی لوگوں کا شعار ہوسکتی ہے، جنھوں نے اپنی کشتیاں جلاڈالی ہیں۔ اگر آپ ٹی وی جرنلزم کے موجودہ منظرنامے پر نظر ڈالیں تو آپ کو کمال خان کی قبیل کے چند ہی صحافی نظر آئیں گے۔

کمال خان صرف صحافت کی باریکیوں سے ہی آشنا نہیں تھے بلکہ انھیں بے باکی کے ساتھ اپنی بات کہنے اور اس پر ڈٹے رہنے کا ملکہ تھا۔ اگر آپ ان کے کیریر پر نگاہ ڈالیں تو محسوس ہوگا کہ صاحبان اقتدار سے ان کی کبھی نہیں بنی۔ اس کی سب سے بڑی وجہ یہ تھی کہ وہ چاپلوسوں کی صف میں شامل نہیں تھے بلکہ سچائی کو ہر قیمت پر اجاگر کرنے کا حوصلہ رکھتے تھے۔

کمال خان نے ایک ایسے دور میں آنکھیں موندی ہیں جب اس ملک کو ان جیسے صحافیوں کی بڑی ضرورت ہے۔ کیونکہ سچ پر پہرے بٹھادئے گئے ہیں اور جھوٹ کو اس شدت کے ساتھ پھیلایا جارہا ہے جیسے کہ یہی سب سے بڑا سچ ہو۔ سچ اور جھوٹ کے درمیان یہ لڑائی نئی نہیں ہے۔ جب سے دنیا بنی ہے، یہی سب کچھ ہو رہا ہے۔ لیکن تشویش ناک بات یہ ہے کہ سچ کو سچ اور جھوٹ کو جھوٹ کہنے والوں کی تعداد روز بروز کم ہوتی چلی جارہی ہے اور یہی سب سے بڑا روگ ہے جو موجودہ حکمرانوں کے اقتدار میں

اس ملک کی صحافت کو لاحق ہے۔

کمال خان کے اچانک انتقال پر میڈیا اور شائقین میں صف ماتم بچھ گئی ہے۔ تمام بڑے اور جینوئن صحافیوں نے انھیں اور ان کی بے باک صحافت کو خراج عقیدت پیش کیا ہے۔ ان کے ساتھی اور ملک کے سب سے سچے ٹی وی صحافی رویش کمار کا ٹوئٹ اس مضمون کا اختتام ہے۔ انھوں نے لکھا ہے کہ:

"پھر کوئی دوسرا کمال خان نہیں ہو گا۔ بھارت کی صحافت آج تہذیب سے ویران ہو گئی۔ وہ لکھنؤ آج خالی ہو گیا جس کی آواز کمال خان کے لفظوں سے کھنکتی تھی۔ این ڈی ٹی وی پریوار آج غمگین ہے۔ کمال کے چاہنے والے کروڑوں شائقین کا دکھ اونچی لہر بن کر امڈ رہا ہے۔

الوداع کمال سر"

***

Kamal Khan, an award-winning journalist known for his insightful & fearless reporting.

By: Masoom Moradabadi

(۱۳) حقانی القاسمی : نئی نسل کے قلمکار نقاد صحافی و مبصر

فاروق ارگلی

نئی نسل کے نامور قلمکار، منفرد نقاد، صحافی و مبصر حقانی القاسمی کو بیس بائیس برسوں سے جانتا ہوں، مگر سچے دل سے اعتراف کرتا ہوں کہ انہیں آج تک پہچان نہیں سکا۔ راقم تو خیر اردو کا ایک ادنی سا تذکرہ نگار ہے، خبر نویس کہہ لیجئے لیکن عہد حاضر کے اس عبقری کو پوری طرح پہچان سکنے کا دعویٰ تو اسناد و مناصب کی زرکار خلعتوں میں ملبوس دانشوری کے لئے بھی آسان نہیں۔ اس دور صارفیت میں علم و فضل کی سیلز مین شپ، برانڈنگ اور مارکیٹنگ کی فضاؤں میں حقانی شاید اردو دنیا کی واحد شخصیت ہیں جو ڈاکٹری اور پروفیسری کے طرہ ہائے امتیاز کے بغیر علم و آگہی کی عصری خانقاہ کے ایسے بوریہ نشین درویش ہیں جن کے علمی، فنی اور فکری تصرفات و تخلیقی کمالات کے سامنے اقلیم ادب کی دنی ساز سلطانی و تاجداری سر نیاز خم کرنے پر مجبور ہے۔

ممکن ہے کچھ جبینوں پر اس بات سے شکنیں نمودار ہو جائیں لیکن یہ حقیقت ہے کہ اردو تنقید کی تاریخ میں حالی سے لے کر عہد فاروقی و نارنگی تک ایسی مثالیں بہت کم دیکھنے میں آتی ہیں جب کسی نو عمر طالب علم نے گروہی و جماعتی نظریات اور مروجہ روایات کی تقلید سے الگ و جداگانہ شان کے ساتھ اپنی خداداد ذہانت، غیر معمولی بصیرت اور تخلیقی وجدان کے بل بوتے پر ایوان ادب میں متمکن کاملین نقد و نظر کے درمیان وہ خاص مقام حاصل کر لیا ہو جہاں پہنچنے میں عمریں صرف ہو جاتی ہیں۔ عصری

ادب میں حقانی کا اختصاص یہ بھی ہے کہ انہوں نے ہندوستان جیسے ملک میں اردو زبان اور تہذیب کی زبوں حالی کے اس پر آشوب زمانے میں اس پر شکوہ زبان کو اس کے فطری حسن و جمال اور اس کی شاندار فصاحتوں، بلاغتوں اور سلاستوں کو اپنی تخلیقی مشاگی اور رنگارنگی لعل و گہر سے سجا کر اس طرح دنیا کے سامنے پیش کرکے اردو کے مٹ جانے کے وہم کا شکار ذہنوں کو بشارت دی ہے کہ سیاست زمانہ کی ستم ظریفانہ سطحیت، سوقیت اور جہالت کی خاک اڑا کر مشترکہ تہذیب کے اس آفتاب عالم تاب کو کبھی دھندلا نہیں کر سکتیں جسے اردو کہتے ہیں۔

تخلیقی ادب کی صحت و زندگی میں تنقید معالج اور جراح کا کردار ادا کرتی ہے، تنقید تخلیق کو کڑوی دوا پلاتی ہے اور بے رحمانہ چیر پھاڑ بھی کرتی ہے، یہ اس کے فرائض منصبی کا حصہ ہیں۔ ادب کے ہر نقاد کا اپنا اپنا زاویہ نظر ہوتا ہے اس کے پاس ملکی، غیر ملکی آلات جراحی، مختلف رویے، رجحانات، میلانات اور میزانات ہوتے ہیں جن کے مطابق وہ شعری، نثری تخلیقات کی جانچ پرکھ کرکے اپنے اخذ کردہ نتائج کا اظہار کرتا ہے۔ تنقیدی رویے، روشیں، میزان و پیمانے، مختلف تاریخی، سیاسی، تمدنی محرکات سے تیار ہوتے ہیں۔ ناقدین عصر اپنی پسند اور رجحانات کے مطابق ان روشوں اور پیمانوں کو اپنے تنقیدی عمل کا وسیلہ بناتے ہیں۔ اس عمل میں غیر معمولی مطالعہ، قوت مشاہدہ اور ادبی بصیرت و بصارت درکار ہوتی ہے۔ تخلیقی ذہن منصفانہ فکر و نظر، تنقید نگار کو اعتبار و قبولیت عطا کرتی ہے۔ لیکن تنقید کو بھی تنقید کا شکار ہو کر رد و قبول کے مراحل سے گزرنا ہوتا ہے۔ اردو تنقید کے ہر دور میں ایسے مناظر ادب کا حصہ بنتے آئے ہیں۔ کوئی نہ کوئی تنقید کسی نہ کسی تنقید سے ہمیشہ مصروف پیکار رہتی ہے لیکن یہ عمل ہی ادب کی پایندگی، ارتفاق، اور ارتقا میں کلیدی رول بھی ادا کرتا ہے۔ اس صنف شریف کی اہمیت اور ضرورت ہر دور میں لازم و

ملزوم ہے لیکن موجودہ مشینی اور کاروباری زمانہ میں جس طرح ہر شعبہ حیات میں اخلاقی قدروں کا زوال ہوا ہے، خود غرضی، مفاد پرستی، احباب و اقربا پروری اور حرص وہوس کی گرم بازاری ہے اس کے اثرات علم و فن اور تخلیقی و تنقیدی دنیا میں در آئے ہیں، اپنے عہد کی تنقید کی اس صورت حال پر خود حقانی القاسمی کا یہ تجزیہ بے حد معنی آفریں ہونے کے ساتھ ساتھ ان کے تنقیدی رجحانات کی تفہیم کا موقع بھی فراہم کرتا ہے۔

"دراصل تخلیق کی تشخیص دشوار عمل ہے۔ ایک تنقید نگار کی ناقص تشخیص سے اچھی طرح صحت مند تخلیق بھی بیمار بن جاتی ہے اور بیمار تخلیق بھی صحت مند قرار پاتی ہے۔ یہ سب ذہنی تعصبات کا کھیل تماشہ ہے جو تنقید کے نام پر رائج ہے۔ تنقید کوئی بازیچہ اطفال نہیں ہے، اس کے لئے بہت ریاضت کرنا پڑتی ہے، کسی بھی تخلیق کی Grace اور Glory کی شناخت کے لئے ذہن کی بہت سی ریاضتوں سے گزرنا پڑتا ہے اور شعور کی کئی سطحوں پر تخلیق سے مواصلت اور مخاطبہ کے بعد بھی صورتحال واضح ہوتی ہے۔ زیادہ تر تنقید نگار اس Gene کو دریافت کرنے میں ناکام رہتے ہیں جس سے تخلیق کے مزاج کا ادراک ہوسکے۔ معنیاتی انکشاف یا مفاہیم کی نقاب کشائی کے لئے بھی اسی دردِ زہ کی کیفیت سے گزرنا پڑتا ہے جس سے ایک تخلیق کار گزرتا ہے کیونکہ معنی کا معشوق ہمیشہ اپنا نقاب نہیں اٹھاتا۔ پھر سوال شعور کا بھی ہے، تنقید نگار شعور کی کس سطح پر ہے اگر اس کے شعور کا Negative Pole زیادہ متحرک ہے تو اس کی تنقید منفیت زدہ ہوگی اور اگر Positive Pole فعال ہے تو تنقید میں اثبات کا عنصر ہوگا۔ ممکن ہے کہ تنقیدی نگارشوں کی اس سطح پر جہاں اس کے لئے غلط اور صحیح کا امتیاز مشکل ہو، خاص طور پر جب ذہن پر تمس کی کیفیت طاری ہو تو اس وقت غلط اور صحیح کا امتیاز مٹ جاتا ہے، جہالت اور ظلمت کی دبیز تہہ میں دبا ہوا ذہن خرد کو جنوں اور جنوں کو خرد میں تبدیل کرنے کا تماشہ

دکھاتا رہتا ہے۔ پھر معاملہ یہ بھی ہے کہ معنیاتی انکشاف کے لئے جس ذہن رسا اور دیدہ بینا کی ضرورت ہے وہ ناپید ہے۔ آج کی تنقید کنفیوژن، التباس، وہم اور مفروضہ سے عبارت ہے۔ ابہام اور عدم وضاحت اس تنقید کے وصف خاص ہیں۔ عصری ادب کے ارسطوؤں اور افلاطونوں میں ابلاغ و ترسیل کی قوت نہیں ہے، ان کی تحریروں میں کوئی اور زیادہ نظر آتا ہے، اپنی آنکھیں اور اپنا ذہن کم۔" (تنقید کی تصغیر، کولاز، ص: ۱۲)

آٹھویں دہائی سے حقانی القاسمی کے تنقیدی مقالات اور تبصرے ملک و بیرون ملک کے موقر ادبی جرائد میں مسلسل شائع ہو رہے ہیں۔ ہند و پاک کے بڑے جرائد کے علاوہ مخزن (برطانیہ) سفیر اردو (لیوٹن) زاویہ (سویڈن) پرواز (لندن) شہرزا (لندن) وغیرہ میں ان کی تحریریں اہتمام کے ساتھ شائع ہوتی رہی ہیں۔ پورے ادبی منظر نامے کو انہوں نے اپنی تنقید کے حصار میں لیا ہے۔ تمام عہد ساز شعراء اور فکشن نگاروں کے ساتھ ساتھ نقادوں، محققوں اور اہل دانش پر پورے ادبی خلوص کے ساتھ اظہار رائے کیا ہے۔ ان کے تنقیدی مقالات کے مجموعے سلطین کے چار شعراء (۱۹۹۵) طواف دشت جنوں (۲۰۰۳) لاتحف (۲۰۰۴) خوشبو روشنی رنگ (۲۰۰۹) شکیل الرحمن کا جمالیاتی وجدان (۲۰۱۰) بدن کی جمالیات (۲۰۱۰) تنقیدی سمبولاز (۲۰۱۲) اور ادب کولاز (۲۰۱۴) میں ان کا تنقیدی جلال اور جمال اس طرح مطلع ادب پر ہویدا ہوا ہے کہ بہت سے روشن ستارے دھندلے نظر آنے لگے ہیں۔ بہت سی حقیقتیں واہمہ ہوئی ہیں اور بہت سے مفروضے باطل قرار پائے ہیں۔

وہ اپنی تنقید کو تخلیقی تنقید کا نام دیتے ہیں جو پوری طرح حق بجانب ہے۔ وہ فن پارے کے ظاہری حسن و قبح پر طائرانہ نظر ڈال کر ہی فیصلہ صادر کرنے والے نقاد نہیں ہیں، وہ متن کی تہہ میں پوری گہرائی تک اتر کر معنی و مفاہیم کے گرانقدر لعل و گہر کے

ساتھ ہی بے قیمت خزف ریزوں سے بھی شناسائی کرنے کا ہنر جانتے ہیں۔ تخلیق کے پورے تہذیبی، مذہبی، اخلاقی، تاریخی، اور جغرافیائی پس منظر کا جائزہ اس طرح لیتے ہیں کہ تنقید تخلیق کی سرحدوں میں داخل ہو جاتی ہے۔

وہ اقوام عالم کی تہذیب، تمدن، مذاہب، ادب، فنون اور معاشرت کے جانکار ہیں۔ انگریزی، عربی، فارسی، ہندی اور سنسکرت کے ادب پر ان کی گہری نظر ہے۔ وہ قاسمی ہیں یعنی فاضل دیوبند ہیں۔ اسلامیات اور عربی زبان و ادب ان کی شخصیت کا جزو خاص ہیں۔ قدیم و جدید عربی ادب کی وسیع و عریض کائنات ان کی جولانگاہ ہے، ان کی تحریروں میں عربی و فارسی کے جدید اور اسطوری زبان و ادب کے فلیور نے ان کی تخلیقی و تنقیدی نثر کو اس قدر پر شکوہ، باوقار اور بلیغ بنادیا ہے کہ اردو دنیا میں ایسا نثار تلاش کرنا مشکل ہے۔ ان کی تنقیدی کتاب طوافِ دشت جنوں، پر عالمی شہرت یافتہ دانشور ڈاکٹر انور سید کی رائے حقانی کے اسلوب نقد کا بہتر تعارف ہے:

"حقانی القاسمی نے اپنی تنقید کو تخلیقی قرار دیا ہے جو اس حقیقت کا اظہار ہے کہ وہ فن پارے کا صرف تصریحی مطالعہ نہیں کرتے بلکہ مصنف کے باطن میں اتر کر اس کرب کو بھی محسوس کرت ہیں جو تخلیق کے لمحے میں اس نے محسوس کیا تھا اور پھر حقانی القاسمی تخلیق مکرر کے عمل سے گزرتے ہیں اور مصنف کے تخلیقی عمل کا حصہ بن جاتے ہیں۔ اس کتاب کے ادبی اسلوب پر بنارس اور دیوبند کی چھتری تنی ہوتی ہے لیکن علی گڑھ بھی ہر ورق پر روشنی بکھیرتا نظر آتا ہے۔ حقانی القاسمی کی نکتہ آفرینی خلیل الرحمن اعظمی جیسی، نوک خار سے لکھنے کا انداز فضیل جعفری جیسا اور دو ٹوک بات کرنے کا طریقہ وارث علوی جیسا ہے لیکن مجموعی فضا گوپی چند نارنگ کی طرح استوار ہوتی نظر آتی ہے۔ وہ اپنے گمبھیر مطالعہ کی اساس پر اپنی انفرادیت منواتے اور اپنی ٹکسال کا سکہ خود ہی جاری

کر دیتے ہیں، اس کتاب کے بیشتر مضامین پہلے متاثر اور پھر مرعوب کرتے ہیں لیکن آخر میں قاری مغلوب ہو جاتا ہے۔" (ڈاکٹر انور سدید، تخلیق، لاہور، اپریل ۲۰۰۶)

حقانی القاسمی کا تنقیدی افق بہت وسیع ، افقی اور عمودی ہے۔ ان کی تازہ ترین کتاب ادب کولاز مقالات کا مجموعہ نہیں بلکہ ایک آئینہ ادب نما ہے۔ انہوں نے اس کتاب میں عظیم ادیبوں، شاعروں، نقادوں ، شاعری اور فکشن ہی نہیں بلکہ نامور مصوروں راجہ روی ورما اور صادقین کے لافانی آرٹ اور ان کے تخلیقی عوامل پر محققانہ بحث کی ہے، یہ ایسا موضوع ہے جس پر قلم اٹھانا کسی بھی علمی ادبی قلمکار کے لئے کارِ دارد ہے۔ فن مصوری سے پوری طرح آگاہ قلمکار ہی اس سے انصاف کر سکتا ہے۔ اس کتاب میں تانیثیت اور اردو شاعری شاعرات اور خواتین افسانہ نگاروں کے فن پر ناقدانہ تجزیات کے ساتھ ہی انہوں نے انسانی وژن اور تخلیقی نفسی حرکیات اور نسائی حسیت کے ابعاد پر جو کچھ سپرد قلم کیا ہے وہ انہیں نسائی ادب ہی نہیں، نسوانیات کے ماہران کی صف میں کھڑا کرنے کے لئے کافی ہے۔

دراصل نسائیت اور تانیثیت ان کا نہایت پسندیدہ موضوع ہے، یہاں وہ ایک نقاد سے زیادہ ماہر نفسیات اور نسائی فطرت وجبلت کے نباض کی حیثیت سے سامنے آتے ہیں۔

ان کی کتاب طوافِ دشت جنوں، میں شامل ان کے ایک مقالے، خوابوں کے کن رہزنوں سے سراغ پوچھیں، میں ادا جعفری کی خود نوشت جو رہی سو بے خبر رہی، پر جس نہج سے ناقدانہ نگاہ حقانی صاحب نے ڈالی ہے اس کا تجزیہ پروفیسر علیم اللہ حالی نے تفصیل سے کیا ہے:

"حقانی القاسمی، نے جو رہی سو بے خبری رہی، کا مطالعہ پیش کرتے ہوئے ایک طرف اپنی عالمانہ شخصیت کو خوبصورتی کے ساتھ اجاگر کیا ہے تو دوسری طرف اس تحریر

میں اس Involvement کا عکس بھی نظر آتا ہے، جو خود نوشت پڑھتے ہوئے ایک مرد قاری محسوس کرتا ہے۔ یوں بھی نسائی رنگ کی پہچان کرنے اور کرانے میں حقانی القاسمی کے اظہار و بیان میں ایک پر کشش روانی پیدا ہو جاتی ہے۔ ایسے موقعوں پر ان کی تحریر، گرمیوں میں گھنیری چھاؤں اور سردیوں میں گلابی دھوپ کی طرح ہو جاتی ہے، ان کی تحریر میں راگ ملہار، جیسی نثر کی شگفتگی اور تازگی پیدا ہو جاتی ہے۔

اردو شاعری کے نسائی رنگ کا جائزہ لیتے ہوئے حقانی اسی انہماک اور دلچسپی کا مظاہرہ کرتے ہیں (چلی ہے تھام کے بادل کے ہاتھ کو خوشبو) انہوں نے کشور ناہید، فہمیدہ ریاض، سارہ شگفتہ اور پروین شاکر کے شعری اظہارات کا مطالعہ کرتے ہوئے اس ذائقے کا عرفان دینا چاہا ہے جو ایک مرد خواتین کی اس نفسیات کو پڑھنے کی کوشش کرتا ہے جس میں جنسی ہیجان کی پردہ داری اور پردہ دری کے دو آتشہ کی کیفیت ہوتی ہے۔ ایک دوسرے مضمون، تخلیق کے نفسیاتی رنگ، میں بھی حقانی نسائی نفسیات کی پیچیدہ تہوں تک پہنچنے میں ایک مخصوص خط محسوس کرتے ہیں، انہوں نے بڑی سچائی سے اس کیفیت کا اظہار کیا ہے۔ مجھے عورتوں کی آپ بیتیاں Fascinate کرتی ہیں اور ایسا لگتا ہے عورتوں کے باطنی مدوجزر میں جھانکنا ان کی تنہائیوں، اداسیوں اور درد کے ساتھ ساعتیں گزارنا۔ حقانی کی خوبی یہ ہے کہ وہ اپنے وسیع تر مطالعات کو اتنے خوبصورت سیاق و سباق میں پیش کرتے ہیں کہ کہیں پر علم کے بیجا اظہار کا شائبہ نہیں ہوتا۔

نسائی آپ بیتیوں کے رنگ و آہنگ اور ان کی دلکشی کا ماجرا بیان کرتے ہوئے وہ رسیدی ٹکٹ، (امرتا پریتم) بری عورت کی کتھا (کشور ناہید) ڈگر سے ہٹ کر (سعیدہ احمد) جو رہی سو بے خبری رہی (ادا جعفری) خانہ بدوش (اجیت کور) جو کہا نہیں گیا (نفیس بانو شمع) وغیرہ کا ذکر بھی کرتے ہیں، گویا وہ اپنے موضوع کو وسیع تر اسلوب میں پیش

کرنے کا ہنر جانتے ہیں۔ اس ضمن میں فارسی شاعرہ فروغ فرخ زاد، تسلیمہ نسرین، تہمینہ درانی اور Isadoradunaca کا ذکر بھی آجاتا ہے۔ حقانی کی تحریر کی جامعیت اور اس کا Exhaustiveness ہر باشعور قاری کو متاثر کرتا ہے۔ حقانی القاسمی بدن کی جمالیات کے کامیاب وکیل ہیں، اس میدان میں ان کا کوئی ثانی نہیں۔"(حقانی القاسمی کا انداز نقد، طواف دشت جنوں کی روشنی میں)

یہ ایک ادبی حقیقت ہے کہ حقانی القاسمی آزادی نسواں کے شدت کے ساتھ حمایت کرنے والوں میں سے ہیں۔ فارسی کی معروف شاعرہ فروغ فرح زاد کی نظم سرکشی کے تنقیدی جائزے میں ان کے یہ نظریات آزادی نسواں کے تئیں ان کے وسیع نظریے اور روشن خیالی کا واضح اظہار ہیں۔

جاگیر دارانہ مردانہ مذہبی نظام میں عورت، متاع حقیر ہی رہی۔ وہ مردوں کی ملکیت اور جائداد منقولہ ہی رہی اور کبھی کبھی تو اجتماعی ملکیت قرار پاتی تھی۔ اس کی خرید و فروخت ہوتی تھی دختر کشی کا رواج تو ایک زمانے تک رہا، جس کا واضح مطلب ہے کہ بیٹی باپ کی ملکیت ہے۔ وہ جس طرح چاہے اسے فروخت کر سکتا ہے۔ پچاس مثقال چاندی میں لڑکی کو فروخت کر دینا تو ایک دستور رہا ہے۔

یدھشٹر کا دریودھن سے جوا کھیلتے ہوئے اپنی بیوی دروپدی کو داؤ پر لگا دینا بھی اس حقیقت کا اشارہ ہے کہ بیوی ملکیت اور جائداد سمجھی جاتی تھی۔ اس کی کوئی آزادانہ حیثیت نہیں تھی، اس کی ساری توانائیاں خانگی امور میں صرف ہوتی رہیں۔ اس کا تخلیق تفاعل صرف Maternity تک محدود رہا۔ سماجی ارتباط کی ساری راہیں بند تھیں۔ تعلیم سے محرومی اور جہالت کے زور نے عورت کے وجود کو اور بھی خستہ اور شکستہ کر دیا۔ اس شکستگی اور خستگی نے عورتوں کے وجود میں ایک اضطراب پیدا کیا اور یہی اضطراب آگے چل کر

آزادی نسواں کے سیل بلا میں بدل گیا۔ اب منظر نامہ تھوڑا بدلا ہے اور چیخ و پکار نے عورت کو آزادی بھی عطا کر دی ہے۔ ہمارے عہد کی عورت گو کہ مکمل طور سے خود مختار نہیں ہے، مگر ایک بڑا حصہ آزادی کی آسائشوں سے لطف اندوز ہو رہا ہے۔ گویا نسائی وجود کے مسئلہ کو اب تغیر زماں و مکاں کے تناظر میں دیکھا جانا چاہئے۔ نسائی وجود کے عروج و زوال کو بھی قوموں، مذہبی زبانوں، ملکوں اور انسانی تاریخ سے مربوط کر کے دیکھیں تو صورت حال کچھ زیادہ ناگفتہ بہ نظر نہیں آئے گی۔ سارا منظر نامہ نظام کی دین ہے اور نظام بدلتے ہیں تو قدریں بدل جاتی ہیں۔" (نسائی وژن اور تخلیقی نفسی حرکیات، ادب کولاز، ص:۲۱۷)

حقانی القاسمی کے تنقیدی مقالات بہت طویل نہیں لیکن ہر مقالہ اس قدر جامع اور مکمل ہے کہ ایک مبسوط کتاب کا درجہ رکھتا ہے۔ یہ میری نہیں بہت سے زعمائے ادب کی رائے ہے۔

ڈاکٹر شکیل الرحمن نے نہ صرف ہندوستان بلکہ دنیا کی بیشتر اقوام کی جمالیات پر ایسے عظیم الشان تحقیقی کارنامے انجام دیئے ہیں جو اردو ہی نہیں دنیا کی کسی بھی زبان میں اس کی نظیر موجود نہیں ہے۔ وہ اتفاق رائے سے واحد اور منفرد ماہر جمالیات تسلیم کیے جاتے ہیں۔ شکیل الرحمن کا جمالیاتی وجدان لکھ کر حقانی نے خود کو عالمی سطح کے جمالیاتی محقق و مبصر کا مقام حاصل کر لیا ہے۔

حقانی القاسمی کا دائرہ فکر و فن نقد و تحقیق تک محدود نہیں ہے، ان کی تخلیقی فتوحات کا دائرہ کتنا وسیع و عریض ہے اس کا زندہ ثبوت ان کی معرکۃ الآراہ تصنیف، 'رینو کے شہر میں'، ایک ایسا شاہکار ہے جو خود مصنف کے جذبات و احساسات کا آئینہ ہے۔ اپنی مٹی اور اپنی جڑوں سے انسانی روح کی وابستگی اور محبت کی آفاقی دستاویز ہے جب کہ یہ

خود ان کے وطن ارریہ (پورنیہ، بہار) کا ایک سفر نامہ ہے۔

ریاست بہار کا یہ خطہ، ارض ہندی بھاشا کے عظیم ناول نگار پھنیشور ناتھ رینو کا بھی وطن ہے، جو حقانی کے والد کے دوست بھی تھے۔ حقانی نے اپنی تمام تر تخلیقی روحانیت کے ساتھ مردم خیز ضلع ارریہ کی عظمتوں کو اردو دنیا سے متعارف کرایا ہے، جہاں آج بھی علم و ادب اور شعر و سخن کے چرچے ہیں۔ یہ کتاب بظاہر ایک رپوتاژ کہی جا سکتی ہے لیکن یہ بیک وقت ایک سفر نامہ، ایک خوبصورت جذباتی ناول، اس قدیم علاقے کی تاریخی و تہذیبی جغرافیائی دستاویز کے ساتھ ساتھ وہاں کے اردو، ہند اور مقامی بولی کے ادیبوں اور شاعروں کا تذکرہ بھی ہے، لیکن ان سب سے الگ یہ مادر وطن کی دھرتی سے فطری جذباتی لگاؤ اور بے گھر ہو جانے کے کرب کو درشاتی ایسی داستان ہے جس کا پھیلاؤ ارریہ یا بہار تک محدود نہیں رہتا بلکہ یہ دنیا کے ہر اس انسان کی سرگزشت بن جاتا ہے جسے وقت نے اپنی مٹی کے لمس سے محروم کر دیا ہو۔

حقانی کے کارناموں کی فہرست خاصی طویل ہے لیکن ان کے بارے میں جاننے سے پہلے ضروری ہے کہ کاروان ادب کے اس صبار فتار مسافر کی نجی زندگی اور اس کے تاریخ ساز علمی سفر کے بارے میں جان لیا جائے۔

حقانی القاسمی (عبدالحق) ۱۵؍جولائی (اسکول سرٹیفکیٹ میں ۶ جنوری ۱۹۷۰) کو موضع بگڈہرا، ضلع ارریہ (سابق پورنیہ، بہار) کے ایک معزز گھرانے میں پیدا ہوئے۔ ان کے والد عبدالصمد صاحب پہلے ٹیچر اور بعد میں وہ محکمہ ڈاک میں سینئر رہنے کے بعد اب ریٹائر ہو چکے ہیں۔ ابتدائی تعلیم اپنے گاؤں کے اسکول میں حاصل کی، اس کے بعد جامعہ اسلامیہ بنارس میں داخل کرائے گئے۔ ۱۹۸۴ء سے دارالعلوم دیوبند میں دو سال رہ کر دستار فضیلت سے سرفراز ہوئے۔ ۱۹۸۶ء میں علی گڑھ مسلم یونیورسٹی آ گئے اور دو

سال گزارنے کے بعد اس عظیم درسگاہ سے ایم اے اور ایم فل سے آراستہ ہوئے۔ پی ایچ ڈی بھی کر لیتے لیکن بوجوہ یہ کوشش پوری نہ ہو سکی۔ ۱۹۹۶ء میں دہلی آئے۔ ادب و صحافت کے میدان میں کچھ کر دکھانے کی امنگ ہلکورے لے رہی تھی۔ صحافت کے سفر کا پہلا پڑاؤ آج کے سینئر کانگریس لیڈر اور صحافی جناب م۔ افضل کا مقبول عام ہفت روزہ، 'اخبار نو' تھا، اس کے بعد شاہد صدیقی صاحب کے شہرہ آفاق ہفت روزہ 'نئی دنیا' پہنچ گئے جہاں ڈیڑھ سال تک صحافت کے گر ہی نہیں سیکھے بلکہ ان کا قلم بھی اپنے جلوے دکھانے لگا۔ نئی دنیا میں تکلف بر طرف کے عنوان سے سیاسی، تہذیبی اور علمی موضوعات پر جو کالم لکھے وہ ان کی ذہنی وسعت اور علمی بصیرت کا پہلا ثبوت بن گئے۔ اردو کے ممتاز کالم نویس کے طور پر ملک بھر میں مشہور ہو گئے۔ نئی دنیا میں لکھے گئے ان کے کالموں کا مجموعہ، تکلف بر طرف، ۲۰۰۵ء میں شائع ہو چکا ہے۔ پروفیسر وہاب اشرفی نے ان کی کالم نویسی کے بارے میں لکھا ہے:

"حقانی القاسمی کالم نویسی بھی کرتے رہے ہیں، تکلف بر طرف، کے عنوان سے ان کے کالم دلچسپی سے پڑھے جاتے ہیں، موصوف کا وصف ان کا خاص اسٹائل ہے۔ ان کی نثر میں بڑی جان اور تمکنت ہے۔ فارسی اور عربی پر دسترس ان کے اسلوب کو نکھار دیتی ہے۔ سچی بات تو یہ ہے کہ ان کی نثر کا جو امتیاز ہے وہ کسی تقلید پر مبنی نہیں بلکہ اس میں ان کی انفرادیت ہے۔" (تاریخ ادب اردو)

معروف ادیب اور ناقد ڈاکٹر سید احمد قادری کا خیال مبنی بر حقیقت ہے کہ:

"حقانی القاسمی کا جو تنقیدی مزاج اور آہنگ ہے اور صحافت میں جو گہرائی اور گیرائی ہے اس سے یہ فیصلہ کرنا مشکل ہوتا ہے کہ حقانی القاسمی دراصل کس صنف مین قابل قدر ہیں۔ حقیقت یہ ہے کہ ان کا فن خواہ وہ تنقید میں ہو یا صحافت میں منفرد اور اعلیٰ

ہے۔ ادب اور صحافت کے امتزاج سے دونوں میں خاص کیفیت پیدا ہوتی ہے، انہوں نے اپنے صحافتی سفر میں ہفتہ وار اخبار نو، دہلی اور ہفتہ وار نئی دنیا دہلی جیسے مقبول اخبارات میں بھی تجربات حاصل کیے اور صحافتی صلاحیتوں کا بھرپور مظاہرہ کیا۔" (اردو صحافی بہار کے)

۲۰۰۳ء میں صلاح الدین پرویز نے اپنے تاریخ ساز ادبی جریدہ 'استعارہ' کی بنیاد ڈالی تو ادارت کے لئے حقانی القاسمی سب سے بہتر لگے۔ استعارہ کے وہ بانی ایڈیٹر تھے لیکن یہ سب جانتے ہیں کہ ہندوستان میں تب تک کا سب سے ضخیم اور سب سے منفرد ادبی جریدہ از اول تا آخر حقانی القاسمی کے جادو نگار قلم کی کرشمہ سازی اور غیر معمولی صحافتی، بصیرت کا مرقع تھا، استعارہ پوری اردو دنیا میں مشہور ہوا، اس کے ساتھ ہی حقانی کی تنقیدی جوہر بھی ادبی منظر نامے پر ابھرے ہی نہیں بلکہ عالمی فضائے ادب پر چھا گئے۔ اولوالعزم صلاح الدین پرویز کی تلون مزاجی اور ان کی علالت کی وجہ سے استعارہ لمبی عمر نہ پا سکا۔ حقانی القاسمی کی ادارت میں نکلنے والے اس کے صرف ۲۴ شمارے اہم ادبی دستاویز کی صورت میں ناقابل فراموش بن گئے۔ لیکن استعارہ بھی ان کی صحافتی سفر کا ایک پڑاؤ تھا۔

۲۰۰۷ء میں وہ سہارا سے وابستہ ہوئے اور اس ادارے کے ماہنامہ بزم سہارا کی ادارت سنبھالی تو اردو کی معیاری علمی ادبی اور تہذیبی صحافت کے ایک نئے دور کا آغاز ہوا۔ یہ اردو کا پہلا بین الاقوامی جریدہ تھا۔ عزیز برنی جیسے وژنری صحافی کے خوابوں کی تعبیر اور سہارا کمپنی کی اردو پسندی کے جلو میں حقانی القاسمی کی صحافتی مہارت اور ان کی جدت طراز تخلیقیت نے بزم سہارا کو اردو دنیا کا ممتاز ترین جریدہ بنا دیا۔ حقانی القاسمی نے اس عظیم الشان جریدے میں اردو زبان اور تہذیب کے فروغ کے لئے نئے نئے اور

کامیاب تجربے کیے۔ انہوں نے طہرِ سخن، جہانِ دانش جیسے سلسلوں کے ذریعے ملک کے متعدد شہروں، اور قصبات میں اردو شاعروں، ادیبوں، اسکولوں، کالجوں اور ثقافتی ادبی انجمنوں کی صورت حال اور سرگرمیوں کا بھرپور جائزہ پیش کیا۔ پانچ سال کے عرصہ میں بزم سہارا نے علم و ادب کے فروغ کی جو رنگارنگ تاریخ بنائی اس کے بارے میں مزید تفصیل کی ضرورت اس لئے نہیں ہے کہ یہ ابھی کل کی سی بات ہے اور ملک وبیرون ملک کے باذوق قارئین کے ذہنوں میں بزم سہارا کی یادیں تازہ ہیں۔ یہ تاریخ ساز جریدہ بڑی لمبی عمر پاتا اگر عزیز برنی سہارا کی ملازمت سے الگ نہ ہو گئے ہوتے۔

ان کے بعد جو شخص ایڈیٹر کے منصب پر مقرر ہوا اس کی نظر میں ادب اور تہذیب وثقافت بے معنی تھے، وہ صرف سیاست کو ہی صحافت سمجھتا تھا، اس نے بزم سہارا کو فضول خرچی قرار دیتے ہوئے اسے بند کرنے پر کمپنی کو راضی کر لیا۔ جریدہ کے کارکنوں کو ایک ایک کر کے نکال باہر کرایا۔ یہی نہیں اس نے ہندوستان کے اس سب سے بڑے میڈیا ہاؤس میں کام کرنے والے لائق وفائق صحافیوں کو بے روزگار بنانے میں کوئی کسر نہیں چھوڑی۔ اس شخص کی ادب دشمنی کی انتہا یہ ہے کہ اس نے ملک گیر روزنامہ میں اردو ادب اور شعر و سخن سے متعلق مواد چھاپنا بھی بند کرا دیا، جس سے مقبول عام اخبار کی مقبولیت کو بہت نقصان پہنچا۔ لیکن کچھ دیر سے سہی کمپنی کو اس کا احساس ہو گیا اور اس اردو مخالف اردو صحافی کو بھی عرش سے فرش پر گرنے کا ذائقہ چکھنا پڑا۔

بزم سہارا سے الگ ہونے پر حقانی القاسمی کو سخت دشواریوں کا سامنا کرنا پڑا ہوگا لیکن اس کا اثر اس لئے بہت معمولی تھا کہ انہوں نے بہت پہلے ہی اپنے لئے دنیوی اور مادی کامیابیوں اور حصولیابیوں کا راستہ چھوڑ کر ادب کا خارزار پسند کیا تھا۔ اس راہ پر آگے بڑھتے ہوئے انہیں بار بار ایسی آزمائشوں کا سامنا کرنا پڑا ہے جن کے عادی ہیں۔ علم و

ادب کی محبت نے انہیں بے یقینی کے عالم میں محنت و مشقت، توکل و قناعت کی شان کے ساتھ زندگی کرنا اور ہر حال میں خوش و خرم رہ کر پرورش لوح و قلم میں مشغول رہنا سکھادیا ہے۔ ظاہر ہے کہ حالات کی آندھیاں اردو کے اس علمی مرتبت درویش خدا مست کا کیا بگاڑ سکتی ہیں؟

حقانی القاسمی کی مرنجاں مرنج شخصیت کے بارے میں تمام لوگ جانتے ہیں کہ وہ سادہ لوح، سادہ مزاج، خوش اخلاق ملنسار اور سیدھے سچے مسلمان ہیں۔ عالم دین ہیں، سو حقوق العباد کے رمز سے آگاہ ہیں، ادب و صحافت کے موجودہ بے راہ رو ماحول میں رہ کر بھی خود نمائی، مکر و ریا، غیبت، کذب و افترا اور دل آزاری سے اتنی دوری ہے کہ کسی کونے سے آج کی دنیا کے آدمی نہیں لگتے۔ دلداری، تواضع اور نرم گفتاری مزاج کا حصہ ہیں۔ دلی کی بزم آرائیوں میں دو دہائیوں سے زیادہ گزار چکے ہیں مگر کسی نے ان کی زبان سے کسی کے لئے حرف زشت شاید ہی سنا ہو۔ دوستوں کے لئے سراپا محبت اور اپنے بیوی بچوں پر جان چھڑکنے والے ذمہ دار سرپرست ہیں۔ قدرت نے مختصر سا جسم عطا کیا ہے۔ لیکن ذہنی قد و قامت اتنی بلند کہ سر اٹھا کر دیکھنے والوں کی ٹوپیاں گر جائیں۔ تو یہ ہیں حقانی القاسمی، جنہیں میں بس اتنا ہی کچھ جان سکا ہوں۔

***

Haqqani Alqasmi, a notable laureate of new urdu generation.

By: Farooq Argali

***

منتخب تحقیقی صحافتی مضامین کا مجموعہ

اردو صحافت: کچھ جائزے

مرتبہ: مکرم نیاز

بین الاقوامی ایڈیشن منظر عام پر آچکا ہے